인생을 바꾸는
하드워킹 명언 242가지
하드워킹의 기적

Hard Working

인생을 바꾸는
하드워킹 명언 242가지

하드워킹의 기적

석필 지음

창해

세상에 어려움이 없는 사람은 단 한 명도 없습니다.

장담하건대 인류 역사상 단 한 명도 없었습니다.

권력이 있는 사람은 권력이 있는 대로, 평민은 평민대로

갖가지 크고 작은 난관을 겪어야 합니다. 하지만 모든 어려움 중에서

인간에게 가장 고통을 주는 것은 가난입니다.

오죽하면 《탈무드》에 "가난은 전염병을 연거푸 50번 앓는 것보다 더

고통스럽다"고 했겠습니까. 가난은 의식주를 제대로 해결하지

못한다는 의미입니다. 의식주를 해결하지 못하는 것은 수입이 없기

때문이고, 수입이 없는 것은 일하지 않았기 때문입니다.

사실 누구라도 일하면 수준의 차이는 있어도

의식주는 해결할 수 있습니다. 월세 25만 원짜리 고시원에서 사는

사람은 매달 50만 원만 벌어도 버틸 수 있습니다. 하지만 30억 원짜리

아파트에 살면 높은 관리비, 재산세, 건강보험료 등의 세금과 자동차

유지비 등으로 매달 1천만 원 가까이 벌어야 생활할 수 있습니다.

하여튼 일해서 돈을 벌면 일단 의식주는 해결할 수 있습니다.

문제는 최소한의 의식주도 해결하기 어려울 정도로

수입이 없는 경우입니다.

수입이 없으면 걱정거리가 많이 생깁니다. 두려움의 포로가 됩니다.

그렇다고 학생에게 학교를 그만두고 돈을 벌러 나가라는 말은

아닙니다. 학생은 공부하는 것이 곧 돈을 버는 것과 마찬가집니다.

즉, 각자가 해야 할 일을 하는 것이 바로 돈을 버는 것이지요.

경제불황과 IT 기술의 발전으로 일자리가 날로 사라지는 추세입니다.

앞으로 점점 더 살기 힘들어질 것입니다. 마음을 단단히 먹어야

합니다. 그래야 최소한의 의식주를 해결하고,

더 나아가 자신의 꿈을 이룰 수 있습니다.

두려울 때, 게으를 때, 절망할 때 나를 붙들어줄 선생이 필요합니다.

선생의 말 한마디에 나는 다시 일어나서 일하고 공부하고 싶은 마음이

듭니다. 그 선생의 말 한마디가 바로 이 책에 있습니다.

- 석필

Part 2
인간답게 살고 싶다면 치열하게 돈을 벌어라

※ 이 책에 사용된 도판 자료들의 출처는 pixabay.com입니다.

Part 1

인간답게 살고 싶다면 치열하게 일하고 공부하라

꿈은 마술로 현실이 되지 않는다.
땀, 결의 그리고 노력이 필요하다.
A dream doesn't become reality through magic;
it takes sweet, determination and hard work.
- 콜린 파월(Colin Powell, 정치인·군인)

후회할 시간도 아깝다

　과거를 후회하는 일이 계속되면 인생을 망치게 됩니다. 후회를 반복하지 않으려면 일해야 합니다.

　"오늘 할 일은 오늘 하라"는 말이 있습니다. 하지만 나는 "지금 할 일은 지금 하라"고 말하고 싶습니다. 일을 미루면 육체는 편하지만, 일해야 한다는 압박감에 정신적으로 피곤해집니다. 미루면 미룰수록, 마감일이 다가올수록 압박감은 가중되고 나중엔 자포자기 상태가 됩니다.

할 일을 즉시 끝내고 나면 육체적으로나 정신적으로 자유롭습니다.

하나님도 과거는 바꿀 수 없다.
Even God cannot change the past.
- 아리스토텔레스(Aristoteles, 고대 철학자)

나의 작은 일에 정성을 다하자

어려운 수학문제나 물리문제를 풀 때, '시간이 지나면 자동으로 풀리겠지' 하면서 미루어선 안 됩니다. '이 문제 하나 풀고 죽는다' 고 결심하고, 순간접착제처럼 달라붙으면 대개는 풀립니다. 그런 과정을 거치면 실력이 일취월장하지요.

공장에서 일할 때 내가 가장 정확하게 부품을 조립해서 절대 고장이 나지 않도록 하겠다는 마음을 가지면 주변에 보는 사람이 없어도 신기하게도 상사들이 알아줍니다.

내가 작은 일에 정성을 다하는데 설사 사람들이 알아주지 않아도 상관없습니다. 하나님은 알아주시니까요.

무슨 일을 하더라도 여생을 거는 것처럼 한다면 주목을 받게 된다.
If you do every job like you're going to do it for the rest of your life, that's when you get noticed.
- 메리 바라(Mary Barra, 기업인)

남들에게 도움이 되는 방향으로 매일 변하자

시대가 변한다고 해서 목적 없이 변화를 시도해선 안 됩니다. 목적이 뚜렷해야 하지요. 그럼 어떤 목적일까요? 사람에게 도움이 되어야 한다는 것이지요.

사람에게 오히려 해가 되는 방향으로 고치는 것을 개악이라고 합니다. 개악은 어느 경우에나 환경을 받지 못합니다. 상품을 개악하면 그 상품은 망합니다. 또한 사회제도를 개악하면 사회가 혼란에 빠지거나 퇴보하게 되지요.

사람은 매일 더욱 나은 방향으로 변해야 합니다. 더욱 나은 방향이란 나 자신과 다른 사람들에게 도움이 되는 방향입니다.

혁신에 대한 나의 개념은 고객에게 가치를 제공하는 것이다.
My definition of innovative is providing value to the customer.
- 메리 바라(Mary Barra, 기업인)

변화에는 고통이 따른다

변하지 않는 것은 무생물입니다. 사실 바위나 공기 같은 무생물도 오랜 시간이 지나면 변하지만, 생물처럼 빨리 변하는 것은 아닙니다.

인간은 자연스럽게 변하지만 조직이나 제도는 인간에 의해서만 변합니다. 세상의 변화에 따라 조직이나 제도가 바뀌지 않으면 인간은 큰 고통을 피할 수 없습니다. 조선이 일본에 망한 것은 세계 변화에 반응하지 않았기 때문입니다.

변화하는 데는 고통이 따릅니다. 그 고통을 피하려고 변하지 않았다간 자멸합니다.

나는 내가 전에 해보지 않았던 것들에 도전하는 것을 항상 배웠다. 성장과 안락은 공존하지 않는다.
I learned to always take on things I'd never done before. Growth and comfort do not coexist.
- 버지니아 마리 로메티(Virginia Marie Rometty, 기업인)

내일 죽는다 해도 새 일을 하자

흔히 '그랜마 모제스(Grandma Moses)'로 불리는 안나 메리 로버트슨 모제스는 평생을 농부의 아내로 살았습니다. 그녀는 자수에 특출한 재능이 있어서 틈틈이 자수를 놓아 친지들에게 선물했지요. 그런데 76세에 손가락 관절염으로 더 이상 자수를 놓을 수 없게 되자 78세부터 그림을 그리기 시작했습니다. 스미스소니언 예술박물관, 뉴욕 메트로폴리탄 미술관, 브루클린 박물관 등에 그녀의 작품이 소장되어 있습니다.

그랜마 모제스는 101세의 나이에 세상을 떠났습니다. 만약 그녀가 78세는 새로운 일을 시작하기엔 너무 늦은 나이라면서 그림을 포기했다면 어떻게 되었을까요? 미국에서 가장 사랑받는 미술가로서의 그녀는 존재하지 않았을 것입니다.

당장 내일 내가 죽는다 해도 아직 할 일이 남아 있다면 그것을 해야 합니다.

앞으로 20년 뒤 당신은 당신이 행한 것들보다 하지 않은 것들로 인해 실망할 것이다.
Twenty years from now you will be more disappointed by the things that you didn't do than by the ones you did do.
- 마크 트웨인(Mark Twain, 소설가)

불가능에 도전하는 용기

인간은 천연두라는 전염병에 시달려왔습니다. 영국 의사 에드워드 제너가 1798년 백신을 발견해 세상에 널리 보급하기 전에는 어린이의 절반 이상이 이 병에 걸렸고, 그중 3분의 1 이상이 사망하거나 시력을 잃었다고 합니다. 일본에서는 서기 735년에 천연두가 돌아 인구의 3분의 1이 사망했습니다.

하지만 지금은 거의 사라졌다고 해도 지나친 말이 아닙니다. 제너는 백신과 접종 방법인 우두를 연구하느라 의사 생활을 하지 못했습니다. 그래서 나중에는 친구, 왕실, 의사협회의 도움을 받았다고 합니다.

불가능한 것일지라도 행동하면 가능하게 됩니다.

인류 역사에서 가장 중요한 것은 대부분 전혀 가능성이 없어 보일 때도 끈질기게 노력한 사람들에 의해 달성되었다.

Most of the important things in the world have been accomplished by people who have kept on trying when there seemed to be no hope at all.

- 데일 카네기(Dale Carnegie, 동기부여 전문가)

인내야말로 모든 성공의 비결이다.
Perseverance is the secret of all triumphs.
- 빅토르 위고(Victor Hugo, 소설가)

꿈꾸기보다는 실천하라

어떤 여성의 일대기가 책으로 나와 베스트셀러를 기록하자 여기 저기에서 이렇게들 이야기하더군요.

"그 여자의 얘기는 내 인생에 비하면 아무것도 아니야. 내가 살아온 것을 책으로 내면 열 권으로도 모자라. 그걸 드라마로 만들면 시청 률이 엄청나게 높을 거야."

누가 책으로 내지 말라고 했나요?

고등학교 재학 중에 의사를 꿈꾼 학생이 100명이라면, 실제로 의대에 진학하는 학생은 1명이 채 안 될 겁니다. 즉, 의대에 합격할 만큼 열심히 공부한 학생이 100명 중 1명밖에 안 된다는 것이지요.

꿈꾸는 데는 비용과 희생이 들어가지 않지만, 행동에는 비용과 희 생이 필요합니다.

어떤 사람들은 성공을 꿈꾸지만, 또 어떤 사람들은 잠자리를 털고 일어나 그 꿈 을 위해 열심히 일한다.
Some people dream of success, while others wake up and work hard at it.
- 마크 저커버그(Mark Zuckerberg, 기업인)

행동으로 옮기지 않는 아이디어는 쓰레기

월트 디즈니는 거의 파산 상태에서 희망을 잃어갈 때 차고를 개조해 만든 자신의 스튜디오를 들락거리는 생쥐를 떠올렸습니다. 그러자 다시 희망이 생겼지요. 그는 자신에게 용기를 주는 그 생쥐를 단순한 아이디어로 흘려보내지 않았습니다. 즉, 애니메이션의 주인공으로 만들었지요.

그렇게 해서 그 유명한 미키마우스가 탄생했습니다. 그리고 그것이 계기가 되어 세계인들이 평생에 한 번은 꼭 가보고 싶어 하는 테마파크 디즈니랜드가 생기게 된 것입니다.

세상에서 가장 뛰어난 아이디어가 있다 한들 행동으로 옮기지 않으면 아무짝에도 쓸모가 없지요.

할 일이 생기면 하라. 프랑스에선 아이디어는 많은데, 실행되는 것은 거의 없다.
When something has to be done, do it. In France, we are full of good ideas, but we rarely put them into practice.
- 베르나르 아르노(Bernard Arnault, 기업인)

나의 무기는 노력이다

노력하는 자에겐 귀신도 당해내지 못한다는 말이 있습니다. 그런 사람은 어떤 방해와 장애가 있어도 할 일을 합니다.

미국에서 암 전문의로 유명한 한국인 의사의 이야기입니다. 그는 서울대 의대를 나와 미국의 한 병원에서 레지던트를 시작했을 때 영어를 너무 못해서 무시와 괄시를 받았습니다. 그래서 하루 2시간 만 자면서 교수가 보라는 논문을 죽기 살기로 달달 외웠고, 환자도 성심성의껏 돌보았습니다. 그랬더니 냉정하고 무섭던 교수가 레지던트를 마친 그를 더 좋은 자리로 소개해주었습니다. 그렇게 그는 암 전문의가 될 수 있었다고 합니다.

아이디어는 훔치고 모방할 수 있지만, 노력은 훔치고 베낄 수 없습니다.

안 해도 되는 일까지 한다면 경쟁자가 없다.
There are no traffic jams on the extra mile.
- 지그 지글러(Zig Ziglar, 동기부여 강사)

역경이 클수록 성공의 기쁨도 크다

　나의 친구 J와 그의 여동생은 성공한 남매입니다. 그들은 매우 가난한 시절을 보냈습니다. 학교에 등록금을 내지 못해 몇 번이나 울면서 집으로 쫓겨 오기도 했지요.

　친구 남매는 고등학교 때부터 초등학교와 중학교 학생들을 대상으로 과외도 했습니다. 그들은 무섭게 공부해서 모두 명문대학에 들어갔고, 스스로 학비를 마련해 졸업할 수 있었습니다.

　지금 오빠는 과학자로, 여동생은 건축설계사로 미국에서 일하고 있습니다. 내 친구 J는 말합니다.

"그 어려울 때 공부하고 싶은 생각이 든 게 참으로 행운이었어."

겨울이 없다면 봄이 와도 그렇게 기쁘지 않다. 역경을 맛보지 않는다면 번영이 그리 반갑지 않은 법이다.
If we had no winter, the spring would not be so pleasant. If we did not sometimes taste of adversity, prosperity would not be so welcome.
- 조시 빌링스(Josh Billings, 작가)

혼자 해서 생기는 힘

수학을 공부할 때, 선생님이 생전처음 보는 문제를 내줍니다.

"지금까지 공부한 것만으로도 풀 수 있는 문제니까 반드시 혼자 풀어보도록."

고심하고 연구해서 스스로 그 문제를 풀어내면 상당한 수학적 근력을 얻게 됩니다.

어려운 것을 해결하기 위해 붙들고 늘어지면 힘이 생깁니다. 그 힘으로 더 높은 단계에 도전할 수 있습니다.

중요한 일이라면 설사 성공 가능성이 희박하더라도 붙들고 늘어져야 한다.
If something is important enough, even if the odds are against you, you should still do it.
- 일론 머스크(Elon Musk, 기업인)

변해야 산다

2010년대 초반만 해도 지하철에서 신문이나 책을 보는 사람이 많았습니다. 하지만 지금은 모두 스마트폰만 쳐다보고 있습니다. 따라서 출판사는 이북(E-Book)용 책을 내야 하고, 작가는 그에 적합한 글을 써야 생존할 수 있습니다.

상점들도 속속 문을 닫고 있습니다. 제주도에 귤 한 상자를 주문하면 하루나 이틀 만에 서울에 도착하는 세상입니다.

시대에 따라 변하지 않으면 낙오될 뿐입니다.

시대는 변한다. 우리도 그에 따라 변한다.
Times change, and we change with them.
- 윌리엄 해리슨(William Harrison, 기업인)

인류는 무리한 도전의 결과로 이어져왔다

영화배우이자 제작자인 멜 깁슨은 반드시 실패할 것이라는 영화 전문가들의 의견을 무시하고 3천만 달러의 제작비와 1천5백만 달러의 홍보비를 투자해서 예수에 대한 영화를 만들었습니다. 그가 제작한 〈패션 오브 크라이스트(The Passion of The Christ)〉는 6억 2천만 달러의 이익을 거두었습니다.

라이트 형제는 "인간은 절대로 하늘을 날 수 없다"는 통설을 무시하고 글라이더를 발전시켜 세계 최초로 인간이 조종하는 비행기를 만들었습니다.

인류의 역사는 '절대로 할 수 없음'에 무리하게 자신의 몸을 던진 사례들로 점철되어 있습니다.

반드시 실패한다는 것을 인식하지 못한 사람들이 성공하는 사례는 흔하다.
Success is often achieved by those who don't know that failure is inevitable.
- 코코 샤넬(Coco Chanel, 패션디자이너)

평범한 능력을 갖춘 사람이 엄청난 성공을 거두기도 하는데,
그것은 언제 그만둘지를 모르기 때문이다.
성공한 사람은 대개 결의가 강하다.

People of mediocre ability sometimes achieve outstanding success
because they don't know when to quit. Most men succeed because
they are determined to.

- 조지 앨런(George Allen, 정치인)

지금의 결정으로 내 인생이 바뀐다

어제 해야 할 숙제를 하지 않았다면 오늘은 어제의 숙제와 함께 오늘의 숙제도 해야 합니다. 숙제로 인한 스트레스는 2배로 증폭됩니다. 오늘도, 내일도, 모레도… 계속 숙제를 하지 않으면 스트레스는 감당할 수 없는 수준으로 올라갑니다. 결국 공부를 포기하게 되지요.

지금 할 일을 지금 하느냐, 나중으로 미루느냐가 나의 미래를 결정합니다.

지금의 나는 어제 나 자신이 내린 결정의 결과이다.
I am who I am today because of the choices I made yesterday.
- 엘리너 루스벨트(Eleanor Roosevelt, 전 미국 영부인)

롤 모델을 정해 그의 행동을 따라 하자

    남의 아이디어를 빌려 상품을 개발하거나 소설이나 시나리오를 써서 성공한 사례는 많습니다. 아니, 모든 인간이 어려서부터 이미 존재하는 것을 듣고 보며 자란다는 점에서 새로운 것을 만든다 해도 사실은 듣고 본 것을 조합한 데 불과합니다. 아이디어만 그런 것이 아니고 행동도 남의 것을 베낀 것일 수 있습니다.

    에디슨을 모방하면 밤낮을 가리지 않고 노력하는 사람이 될 가능성이 커집니다. 카사노바를 모방하면 사기나 치고 음란한 생활로 인생을 허비할 가능성이 커집니다.

사업가가 되고 싶으면 크게 성공한 사업가의 행동을, 학자가 되고 싶다면 세계적인 업적을 남긴 대학자의 행동을 모방하십시오. 당신이 모방하고 싶은 사람을 누구로 정하느냐에 따라 당신의 미래가 결정됩니다.

내가 지금까지 해온 모든 일은 다른 사람들의 것을 베낀 것이다.
Everything I've done I've copied from somebody else.
- 샘 월튼(Sam Walton, 기업인)

새로운 것에 도전하라

샘 월튼이 장사를 시작했을 때의 비즈니스 전략은 저렴한 가격에 물품을 대량으로 주문해서 대폭 할인된 가격에 파는 것이었습니다. 상식적인 이야기로 들리겠지만, 1950년경에는 감히 그런 전략을 펼치는 장사꾼이 거의 없었지요.

특히 그는 고객이 접근하기 쉬운 도시가 아니라 엉뚱하게도 외딴 시골에 매장을 열었습니다. 자동차가 보편화된 상황에서 축구 경기장만 한 매장에 없는 게 없을 만큼 상품을 풍부하게 준비하고, 볼 것도 많게 꾸미면 구경삼아서라도 고객이 찾아오리라 판단했던 것이지요.

샘 월튼의 예상은 적중했습니다. 고객들이 차를 몰고와서 적게는 일주일, 많게는 한 달간 쓸 물건을 샀던 것입니다.

그는 이런 말을 남겼습니다.

"난 언제나 기존 시스템을 흔들고, 개혁하고, 기존의 것들보다 더 좋게 하려고 적극성을 띠는 삶을 살아왔다."

나는 아버지(샘 월튼)에게
변화와 실험은
계속되어야 하며
중요하다고 배웠다.
당신도 역시
새로운 것에 대한 시도를
지속해야 한다.

I learned from my dad that change and experimentation are constants and important. You have to keep trying new things.

- 새뮤얼 롭슨 월튼(Samuel Robson Walton, 기업인)

맡은 일을 끝내는 것이 중요하다

불멸의 작품을 후세에 남기겠다고 큰 비용을 들여 해외로 취재 여행을 가고, 또 철저하게 자료조사를 한다고 해서 명작을 쓰는 것은 아닙니다. 아니, 작품을 완성하지도 못하거나 처음부터 시작조차 하지 않고 포기하는 일이 흔합니다.

스티븐 킹의 저서 《유혹하는 글쓰기》에 따르면 그는 특정 지역의 경찰관들에 대한 이야기를 쓸 때 자료 조사에 시간을 들이지 않고, 그 지역 경찰관은 이렇게 행동하겠거니 짐작하고 그냥 이야기를 풀어간답니다. 일단 '하는 것'이 중요하다는 말이지요.

하지만 완벽한 일 처리가 필요한 분야도 꽤 많습니다. 의술, 항공기 운항, 상품 생산, 건물 짓기, 하자 수리 등에선 철저하게 지식, 도면, 계획을 따라야 하지요.

출판계에서는 완벽하게 글을 쓴답시고 시간을 질질 끄는 작가는 환영받지 못합니다. 실상을 말하자면, 이런 작가들은 대부분 매우 게으릅니다. 내가 그랬기 때문에 잘 압니다. 수정할 것이 많을지언정 일단 마감일까지 원고를 제출하는 작가는 계속 작품 의뢰가 들어오게 마련입니다.

맡은 일을 완성한다는 것은 근면하다는 의미입니다. 그런 사람은 믿을 수 있습니다.

완벽하게 끝내려다 그만두는 것보다는 그냥 해내는 것이 낫다.
Done is better than perfect.
- 셰릴 샌드버그(Sheryl Sandberg, 기업인)

나 하나가 아닌 모두를 위한 번영

산에 올랐다가 한 중년 여성을 만났습니다. 봉제공장을 운영했는데 직원들에게 시달리다가 장사를 접었다고 했습니다.

"직원이 다섯 명 정도 있을 땐 재미있었어요. 그런데 주문이 폭증해서 직원을 수십 명으로 늘리고 난 다음부터 문제가 생겼어요. 노조를 결성하더니 대량주문만 들어오면 임금을 올려달라고 태업을 하고, 내가 아침에 출근해도 인사도 안 해요. 내가 이런 인간들 먹여 살리려고 고생하나 싶어 결국 공장문을 닫았어요. 지금은 마음이 얼마나 편한지 몰라요."

직원들 때문에 돈을 많이 벌면서도 인색하게 구는 고용주도 문제지만, 자신의 책임을 다하지 않고 권리만 주장하는 피고용인도 문제입니다.

직원은 자신이 속한 기업이나 조직의 성장을 진심으로 바라야 하고, 고용주는 직원들이 행복하기를 바라야 합니다.

지속 가능한 세상은 모두를 위한 번영을 창출하기 위해 다 같이 일하는 것을 의미한다.
A sustainable world means working together to create prosperity for all.
- 재클린 마스(Jacqueline Mars, 기업인)

사업하고 싶은 환경을 조성해야 한다

2018년 기준 세계에서 가장 많은 인원이 근무하는 기업은 미국의 월마트로 약 220만 명이고 중국국립석유회사는 138만 명, 폭스바겐은 66만 명, 아마존은 65만 명, 도요타는 37만 명, 삼성그룹은 31만 명입니다. 여기에 하청기업 직원까지 더하면 그 수는 2배 이상일 것이고, 그 기업의 직원들을 대상으로 하는 상가에서도 사람을 고용하게 됩니다. 이렇게 하나의 사업체로 인한 이득은 겉으로 드러난 계산 이상입니다.

개인 사업을 희망하는 사람보다 안정적인 공무원을 하겠다는 사람이 늘어나는 것은 좋은 현상이 아닙니다. 그것은 사업 환경이 안 좋아지고 있다는 반증이기 때문입니다.

개인 사업을 하겠다는 사람이 늘어날 때 그 국가와 사회는 비전이 있습니다. 국가는 개인 사업을 희망하는 젊은이가 늘어날 수 있는 환경을 조성해야 합니다.

열심히 일하고, 투자하고, 건설하고, 그러면서 일자리를 창출하고 사람들에게 기회를 주는 사람이 되어라.
Become one of those people who work hard, invest and build, and at the same time create employment and opportunities for others.
- 지나 라인하트(Gina Rinehart, 기업인)

꾸준함의 힘

한 번 성공하고 나서 그 성공이 계속될 것처럼 긴장이 풀어져 태만해졌다가 결국 인생에 실패하는 사람이 많습니다.

내 친구는 대입학원 강사로 이름을 날렸습니다. 한 해에 수억 원대의 돈을 벌어들였지요. 그는 돈을 더 벌기 위해 그리고 좀 여유 있게 살기 위해 직접 학원을 차렸다가 쫄딱 망해 월세를 전전하고 있습니다.

어차피 인생은 고행길입니다. 죽을 때까지 꾸준히 노력하는 자세를 경주한다면 최소한 비참하게는 되지 않을 것입니다.

성공한다고 해서 반드시 위대한 것이 아니다. 성공은 꾸준함의 대명사이다. 꾸준하게 열심히 노력하면 성공하게 되어 있다. 그러면 위대함은 저절로 찾아온다.
Success isn't always about greatness. It's about consistency. Consistent hard work leads to success. Greatness will come.
- 드웨인 존슨(Dwayne Johnson, 영화배우)

어려움이 없는 성공은 없다

우리가 20세기 최고의 소설로 평가받는《잃어버린 시간을 찾아서》를 더욱 소중히 여기는 이유는 작가 마르셀 프루스트가 중병에 걸려 죽어가면서 이 책을 썼기 때문입니다.

국내 프로복싱 선수 중 홍수환이 가장 기억되는 것은 1977년 파나마에서 헥토르 카라스키야에게 4번이나 다운되었다가 단 한 방의 주먹으로 극적인 KO승을 거두었기 때문입니다.

극지탐험이 주목받는 것은 그것이 보통 이상의 의지, 체력, 인내와 경비, 희생이 없이는 불가능하기 때문입니다.

노벨상 수상자를 존경하고 부러워하는 이유는 그만큼 그 상을 받기 어렵기 때문입니다.

쉽게 이루는 것으로는 높은 수입과 존경을 받기 어렵습니다. 존경을 받으려면 남들이 감히 엄두도 내지 못할 만큼 힘든 일을 해내야 하지요.

저항이 강하면 강할수록 승리는 그만큼 더 영광스럽다.
The harder the conflict, the more glorious the triumph.
- 토머스 페인(Thomas Paine, 미국 작가·혁명이론가)

인내는 지속, 끈기, 결의 그리고 지구력을 의미한다. 해결할 문제나 이슈를 다룰 때 그것이 만족스럽게 해결될 때까지 절대로 포기하거나, 중단하거나, 실패를 인정하지 않는 것을 말한다.

So, what does perseverance mean? It means that one possesses persistence, tenacity, determination, and staying power. This in turn means, when applied to a problem or issue that needs to be resolved, that the individual never gives up, never quits and never sees defeat until the problem, challenge, project, obstacle is resolved to a satisfactory level.

- 브라이언 펄시퍼(Byron Pulsifer, 동기부여 저술가)

자격증은 중요하다

커피점 아르바이트를 하더라도 바리스타 자격증이 필요합니다. 요양보호사를 하거나 문화재해설사를 하고 싶어도 자격증이 없어서 못하는 분들이 많습니다. 평소 조금만 시간과 비용을 들여 관련 교육을 받았다면 당장이라도 취직을 할 수 있는데 말입니다.

아무리 직장 구하기가 어려운 세상이라도 흔해 빠진 기술 또는 자격증이 생계를 유지할 수 있는 길을 열어줍니다.

당신 자신이야말로 당신에게 가장 위대한 자산이다. 당신의 시간, 노력, 돈을 훈련에 쏟아 부어야 한다.
You are your greatest asset. Put your time, effort and money into training.
- 톰 홉킨스(Tom Hopkins, 판매전문가)

장사는 위대하다

"장사꾼 똥은 개도 안 먹는다"는 말이 있습니다. 나도 짧지만 장사를 해본 적이 있는데, 얼마나 속을 끓였던지 머리카락이 동전 모양으로 뽑히고 대변을 볼 때 쓴 냄새가 날 정도였습니다.

나는 다양한 경험을 해보지는 않았지만 물건을 파는 것처럼 힘든 것도 없다고 생각합니다. 우리나라 초등학교나 중·고등학교에서는 학생들에게 물건을 팔아 오라고 시키는 일이 없지만 선진국에서는 흔합니다. 그런 경험을 거치면서 돈과 근로의 소중함과 가치를 깨닫게 되지요.

장사는 현실을 알게 하는 인생의 스승입니다.

물건 하나를 판매하는 데 성공하면서 나는 백만장자가 되는 데 한 발 더 다가선다.
I am one sale closer and one idea away from being a millionaire.
- 래리 D. 터너(Larry D. Turner, 비즈니스 컨설턴트)

지구 탈출 수준의 노력

건설현장에서 막노동으로 돈을 벌면서 독학해 1996년 서울대학교 인문계 수석으로 합격했던 장승수 변호사는 이렇게 말했습니다.

"지구 탈출 수준의 노력 후엔 후회도 없다."

도대체 얼마만큼 노력을 해야 '지구 탈출 수준'이 될까요?
당신도 그렇게 노력해보고 싶지 않습니까?

세상에 태어난 이상 사람들을 감동시킬 정도로 공부하고 일해봅시다. 그래야 세상을 떠날 때 "후회 없이 잘 살고 간다"고 만족할 것 같습니다.

어려움이 있을 것이다. 의심하는 사람들도 있을 것이다. 실수도 있을 것이다. 하지만 노력하면 그러한 한계는 극복할 수 있다.
There will be obstacles. There will be doubters. There will be mistakes. But with hard work, there are no limits.
- 마이클 펠프스(Michael Phelps, 수영선수)

나보다 더 나은 사람과 사귀자

　게으른 학생은 부지런한 학생과 친구가 되십시오. 그 친구를 따라 도서관을 드나들면 공부를 잘하게 됩니다. 반면 게으른 학생이 게으른 친구들과 어울려 다니면 영영 그 게으름에서 헤어나지 못합니다.

　술 때문에 일에 지장을 받는 사람은 술을 입에 대지도 않는 사람과 친구가 되십시오. 그 친구를 따라 생산적인 일을 하면 돈을 벌게 되고, 그러다 보면 술도 끊게 됩니다. 술을 좋아하는 사람이 술 중독자들과 어울리면 삶이 더 망가지게 됩니다.

이미 기피 대상으로 낙인찍혀 좋은 친구를 사귈 수 없다면 당신이 닮고 싶은 유명인의 사진을 벽에 붙여놓고 그처럼 열심히 살아봅시다.

당신보다 더 나은 사람과 어울려라. 당신보다 더 나은 행동을 하는 사람과 사귀어라. 그러면 당신도 그가 가는 방향으로 가게 된다.
It's better to hang out with people better than you. Pick out associates whose behavior is better than yours and you'll drift in that direction.
- 워런 버핏(Warren Buffett, 기업인·투자가)

정직이 최선의 정책이다

성공한 사람은 거짓말하는 사람을 아주 싫어해서 한 번 거짓말한 사람과는 두 번 다시 교류하지 않으려 합니다. 사실 본인도 100% 정직하지 않은데 말입니다. 상대적으로 높은 위치에 있는 사람은 지위가 낮은 사람이 거짓말하는 것을 경멸합니다. 자신도 툭하면 거짓말을 하면서 말입니다.

상대방이 정직하든 아니든 나만이라도 정직하면 그 순간에는 손해를 보는 것 같지만 장기적으로는 이익이 됩니다. 중요한 일을 할 때는 정직한 사람을 찾게 돼 있으니까요.

정직은 매우 고귀한 자산이다. 저질 인간에게선 정직을 기대하지 마라.
Honesty is a very expensive gift. Don't expect it from cheap people.
- 워런 버핏(Warren Buffett, 기업인·투자가)

돈 받는 것 이상으로 일하라

성공하려면 예외 없이 자신이 받는 것 이상으로 일해야 합니다. 10만 원을 받기로 하고 그에 적합한 정도만 일해주는 사람은 어디나 널려 있습니다. 15만 원어치 일해주는 사람은 적고, 20만 원어치 일해주는 사람은 희귀합니다.

인간은 이기적이어서 적게 주고 많이 받으려 합니다. 그렇기 때문에 10만 원을 주고 20만 원어치 일해주는 사람을 찾게 마련이지요.

어느 조직에서나 성공한 사람은 얼마를 받든 최선을 다합니다. 돈이 아닌 성취감을 추구하기 때문이지요.

월급을 받는 것 이상으로 일할 때에야 일한 것 이상의 수입을 올리는 사람이 될 수 있다.
When you do more than you're paid for, eventually you'll be paid for more than you do.
- 지그 지글러(Zig Ziglar, 동기부여 강사)

남의 열정을 꺾지 말라

미국 미시간 주를 여행하다가 그곳의 한 대학에서 경영학을 가르치는 한국인 교수님을 만난 적이 있었습니다. 한국에서 별로 알아주지 않는 지방 대학을 졸업한 뒤, 미국에서도 그리 유명하지 않은 대학에서 박사학위를 받고 제법 이름 있는 대학의 교수가 된 분이었습니다. "지방 대학을 다니면서 어떻게 감히 미국 유학을 생각했느냐?"고 농담을 던졌더니, 그분이 이렇게 대답하더군요.

"내가 유학 간다고 하니까 교수님들은 '네 실력으로는 어렵다'고 말리고, 친구들은 '올라가지 못할 나무는 쳐다보지도 말라'고 합디다."

게으르고 실력도 없는 사람에게는 어떤 조언도 소용이 없습니다. 반면 실력은 없지만 노력하는 사람에게는 "어렵더라도 좌절하지 않고 끈기를 발휘하면 반드시 성공할 수 있다"고 용기를 불어넣어 줘야 합니다.

어떤 일을 할 수 없다고 주장하는 사람은 그 일을 하는 사람을 방해해서는 안 된다.
People who say it cannot be done should not interrupt those who are doing it.
- 조지 버나드 쇼(George Bernard Shaw, 극작가)

모든 난관과 좌절, 불가능에도 불구하고 행위, 인내와 끈기에 의해
강한 의지를 가진 사람과 약한 의지를 가진 사람은 구분된다.

Permanence, perseverance and persistence in spite of all obstacles,
discouragements and impossibilities; It is this, that in all things
distinguishes the strong soul from the weak.
- 토머스 카라일(Thomas Carlyle, 사학자·비평가)

나의 주관자는 바로 나다

　스티븐 호킹은 스물한 살, 케임브리지대학에 다니던 시절 루게릭병에 걸려 의사에게 "2년간 생존이 가능하다"는 말을 들었지만, 물리학 박사학위를 받고 교수 생활을 하다가 76세에 세상을 떠났습니다.

　수학자 레온하르트 오일러는 지나치게 연구에 몰입한 나머지 60세에 시력을 잃고도 연구를 계속해서 눈이 건강했을 때만큼의 연구 실적을 남기고 76세에 세상을 떠났습니다.

　퍼시 스펜서는 초등학교 졸업 학력으로 세계적인 군수업체 레이시언에 입사해 마이크로웨이브 오븐을 발명했습니다.

　큰 장애를 안고도 세상에 빛을 남긴 사람들을 나열하자면 끝이 없을 것입니다.

금전적인 어려움이 없더라도 멀쩡한 육체로 공부나 할 일을 하지 않는 것처럼 큰 죄도 없을 것입니다.

장애가 당신을 멈추게 할 수 없다. 문제가 당신 앞을 가로막지 못한다. 무엇보다 다른 사람들이 당신을 방해하지 못한다. 당신을 멈추게 하는 것은 오직 당신뿐이다.
Obstacles can't stop you. Problems can't stop you. Most of all, other people can't stop you. Only you can stop you.
- 제프리 지토머(Jeffrey Gitomer, 비즈니스 트레이너)

무슨 분야든 10년 이상 집중적으로 파고들자

미국에서 대학원에 다닐 때 조직발전학 교수님이 이런 말을 했습니다.

"내가 여러분보다 훨씬 더 많이 알고 있을 것이라고 짐작하지 마라. 전공 서적 2권만 독파하면 나보다 더 뛰어난 연구를 할 수 있다. 문제는 그 지식으로 10년 이상 연구를 하느냐이다. 나는 한 분야만 꾸준히 공부하고 경험했기 때문에 교수가 될 수 있었다. 어느 분야든 10년 이상 종사하면 전문가라 불릴 만하다."

청년 시절부터 거의 매일 영화를 한 편 이상 보아온 70대 노인을 알고 있습니다. 그는 60대부터는 하루에 2편 이상의 영화를 봤는데, 전문가 뺨칠 정도의 영화평론을 합니다. 영화감독과 시나리오 작가도 그분의 실력에 고개를 절레절레할 정도입니다.

돌아가신 친척 어르신은 중학교 시절부터 87세에 돌아가시기 몇 달 전까지 한 신문만 구독해 1면부터 마지막 면까지 매일 소리를 내서 읽었습니다. 그분과 대화를 해보면 대학자와 이야기를 하는 것 같았습니다.

영어공부를 하든 운동을 하든 그림을 그리든 악기를 배우든 10년 이상을 해야 합니다. 그것도 집중적으로 해야 합니다. 그래야 인정을 받게 됩니다.

당신을 엄청난 성공으로 이끌어주는 것은 지속성뿐이다.
The only thing standing between you and outrageous success is continuous progress.
- 댄 월즈쉬미트(Dan Waldschmidt, 비즈니스 전략가)

노력하지 않은 대가

초기에는 '재능이 있지만 게으른 자'가 '재능은 없지만 노력하는 자'를 이길 수 있습니다. 평생 동안 그가 자신을 따라잡지 못할 것이라 의기양양하지요. 하지만 계속 게으르게 살다가는 재능은 없지만 노력하는 자에게 따라잡히고 맙니다.

분발해서 다시 그를 추월하려 해도 몸에 밴 게으름은 '내일부터 하자'고 속삭입니다. 그렇게 하루 이틀이 흐르면서 두 사람의 간격은 더 벌어지지요. 재능 없는 자에겐 이미 상당한 재능까지 생긴 상태입니다. 두 사람의 간격은 점점 벌어지고, 재능이 있었지만 게을렀던 자는 결국 포기하게 됩니다.

노력하기 싫을 때는 내가 노력하지 않으면 나 자신, 내 가족, 내 조직이 죽을 수도 있다고 생각하십시오.

재능이 노력으로 이어지지 않는다면 노력이 재능을 압도하게 된다.
Hard work beats talent when talent doesn't work hard.
- 팀 나케(Tim Notke, 야구감독)

달팽이는 인내로 기어서 노아의 방주에 올라타
구원을 받았다.

By perseverance the snail reached the ark.

- 찰스 스펄전(Charles Spurgeon, 목사)

사소한 문제는 바로 해결하자

내 친척 형님은 젊었을 때 목수 일을 했습니다. 열심히 일하기는 하는데 돈을 잘 못 받아왔고, 그러다가 돈을 자주 떼였습니다. 그러자 형수가 나섰습니다. 형수는 어린아이를 등에 업고 돈 줄 사람을 찾아가 "아이 먹일 우윳값도 없다"고 눈물을 뚝뚝 흘렸습니다. 그러면 대부분 금방 돈을 주었습니다.

중학교 시절, 배구를 하다가 공이 옆 공장으로 넘어갔습니다. 공이 하도 자주 넘어가니 짜증이 난 공장 직원들은 쇠막대기를 든 채 위협적인 자세로 공을 돌려주지 않겠다고 했습니다. 워낙 분위기가 공포스러웠기 때문에 아무도 나서지 않았습니다. 그때 키도 작고 몸도 약한 내가 용기를 냈습니다. 나는 얻어맞을 각오로 공장에 쳐들어가 "공을 안 돌려주면 경찰에 신고하겠다"고 소리를 질렀습니다. 그랬더니 "노래하면 공을 돌려주겠다"고 하더군요. 나는 돼지 멱따는 소리로 한 곡조를 하고는 공을 찾아왔습니다.

회사 화장실 변기가 막혔을 때 담당자가 올 때까지 기다리지 말고 비닐장갑 끼고 내가 먼저 뚫어봅시다. 몸에 오물이 묻어도 죽지 않습니다. 문제를 빨리 해결하고 편하게 지내는 것이 낫습니다.

우리가 더러워지는 것을 개의치 않았기 때문에 하나의 국가를 구성할 수 있었다고 나는 생각한다. 더러운 것은 노력의 상징이요 기쁨의 증표다. 더러운 것이 나쁘다고는 할 수 없다.

I can say the willingness to get dirty has always defined us as a nation, and it's a hallmark of hard work and a hallmark of fun, and dirt is not the enemy.

- 마이크 로우(Mike Rowe, 배우)

죽고 싶을 정도로 노력 한번 해보는 것

황영조 선수는 1992년 스페인 바르셀로나 올림픽 마라톤 경기에서 금메달을 딴 뒤, 올림픽보다는 연습할 때가 훨씬 힘들었다고 말했습니다. 정봉수 감독이 얼마나 혹독하게 훈련을 시키던지 차라리 달려오는 차에 몸을 던져버리고 싶을 정도였다고 했습니다.

세계 체조계를 주도하는 중국 선수들이 훈련하는 장면을 TV에서 본 적이 있습니다. 훈련이 얼마나 힘든지 어린 선수들이 엉엉 울더군요.

우리는 아무리 노력한다 한들 죽고 싶을 정도까지는 하지 않습니다. 그러니 더 노력해야 하는 것이죠.

자신이 하는 일이 힘들다고 불평하기 전에 황영조 선수가 목숨을 걸고 훈련하던 장면을 상상해봅시다.

나는 링 위에 올라 스포트라이트를 받으며 춤추듯 뛰기 훨씬 이전부터 사람들이 보이지 않는 은밀한 곳, 체육관 또는 도로에서 이기고 지는 것을 경험한다.
The fight is won or lost far away from witnesses - behind the lines, in the gym, and out there on the road, long before I dance under those lights.
- 무하마드 알리(Muhammad Ali, 권투선수)

무슨 일이든 예술 작품 만들 듯 한다면

신발수리공이 손님이 맡긴 신발을 예술 작품을 만들 듯 성심성의껏 수리하면 가만있어도 손님이 찾아옵니다. 대충 수리하면 불평하면서 다시 해달라고 하거나 다시는 신발을 맡기지 않습니다. 책을 쓸 때도 정성을 들이면 출판사에서 대번에 작가가 열정을 바쳤다는 것을 알아채고, 계속해서 일거리를 맡깁니다.

돈에 욕심을 내고 적당히 신발을 수리하는 것, 또 책을 쓰는 것은 자멸의 길입니다.

어떤 일을 하든 자신의 일에 최선을 다하면 먹고사는 데 지장이 없습니다.

거리 청소부는 미켈란젤로가 그림을 그리듯, 베토벤이 연주하듯, 셰익스피어가 시를 쓰듯 거리를 쓸어야 한다. 하늘과 땅 위의 지도자들이 하던 일을 멈추고 자신의 업무를 매우 잘하던 거리 청소부가 바로 여기 살았다고 말할 정도로 그렇게 일을 잘해야 한다.

If a man is called to be a street sweeper, he should sweep streets even as Michel-angelo painted, or Beethoven played music, or Shakespeare wrote poetry. He should sweep streets so well that all the hosts of heaven and earth will pause to say, here lived a great street sweeper who did his job well.

- 마틴 루터 킹(Martin Luther King, 흑인인권운동가·목사)

때로는 포기하는 것이 더 좋다

신문사에서 주관하는 신춘문예를 통해 작가가 되는 것이 글 쓰는 사람들의 꿈입니다. 그래야 작가다운 작가로 인정받기 때문이지요. 하지만 신춘문예는 아무나 당선되지 않습니다. 아무리 노력해도 안 될 가능성이 훨씬 큽니다.

나이 서른이 되기 전에 신춘문예 당선을 목표로 한다면 나도 용기를 불어넣어주고 싶습니다. 하지만 중년이고 부양할 가족도 있는데 별다른 생계수단도 없으면서 신춘문예에 전념한다면, 도시락을 싸 들고 다니면서 말리고 싶습니다. 그런 상황에 처한 사람에겐 빨리 포기하고 일자리부터 알아보라고 조언합니다.

돈은 작가라는 타이틀보다 훨씬 유용하고 소중합니다. 신춘문예를 통해 등단해서 글만 쓰다가 인생이 비참해진 작가들도 많습니다.

내가 살아보니 포기할 땐 빨리 포기해야 합니다. 돈을 벌어야 하기 때문이지요. 돈이 없으면 생명을 위협받을 수 있다는 점에서 돈은 명예보다 더 소중합니다.

포기해야 할 때도 있는 법이다. 포기할 때와 다른 것을 시도할 때를 안다면 천재
와 다를 바 없다. 포기는 중단이 아니다. 절대 중단해선 안 된다.

Sometimes, you have to give up. Sometimes, knowing when to give up, when
to try something else, is genius. Giving up doesn't mean stopping. Don't ever
stop.

- 필 나이트(Phil Knight, 기업인)

안심하면 죽는다

코닥은 1880년에 창설된 이래 100년이 넘는 세월 동안 세계 최고, 세계 최대의 필름 생산 기업이었습니다. 하지만 디지털카메라 기술을 먼저 개발해놓고도 무시한 채 다른 기업들이 그 기술을 사용하도록 내버려두었습니다. 그 대가로 2012년 파산했습니다.

1998년까지 휴대폰 시장을 주도하던 노키아는 스마트폰의 등장에 뒤늦게 대처하는 바람에 업계에서 퇴출되었습니다.

세계 전자업계를 이끌던 일본의 소니, 파나소닉, 히타치 같은 전자업체들도 기술과 자금력 면에서 다른 나라 업체들의 추적이 불가능할 만큼 앞서 있다고 자만했다가 일순간에 뒤로 처지고 말았습니다.

학생 때 전교 1등 하던 사람이 세월이 흘러 인생의 낙오자가 되고, 꼴등 하던 사람이 인생의 승리자가 되는 사례는 너무도 흔합니다.

안심하면 바로 뒤처집니다. 계속 전진하지 않아도 살아남을 사람과 조직은 단 하나도 없습니다.

당신 자신이 뭔가에 정통한다는 생각이 들게 되면, 그날부터 당신은 더 발전하기를 포기하고 남들이 당신을 따라잡을 수 있게 뒷문을 열어두는 셈이다. 그래서 항상 목표를 상향 조정해야 한다. 우리는 결코 뭔가를 완성했다고 느껴져서는 안 된다.

If you start thinking you are good at something, that's often the day you stop trying to be better and open the back door for someone to come after you. That's why we always aim higher. We never feel like we're done.

- 드류 휴스턴(Drew Houston, 기업인)

실패하지 않는다면 당신은 당신의 한계에 도전하지 않은 것이다. 한계까지 도전하지 않고서는 결코 당신의 잠재력을 최대화할 수 없다.

If you're not failing, you're not pushing your limits, and if you're not pushing your limits, you're not maximizing your potential.

- 레이 달리오(Ray Dalio, 기업인·금융인)

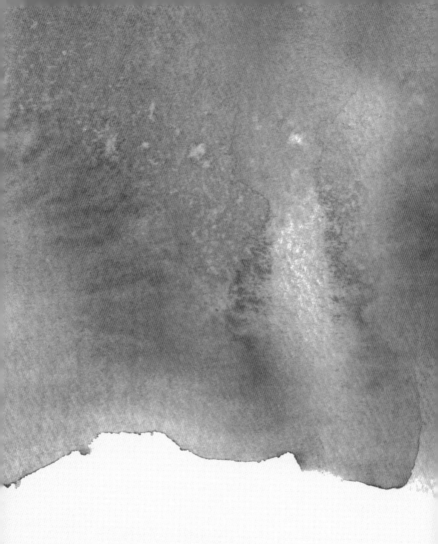

계속 달리면 남들에게 따라잡히지 않는다.
They couldn't catch you if you didn't stop running.

- 데니스 루헤인(Dennis Lehane, 작가)

전문가는 자질을 한눈에 알아본다

여자 피겨스케이팅 올림픽 챔피언 김연아가 처음 스케이트장을 찾았을 때, 코치는 대번에 그녀가 세계적인 선수가 되리라 확신했습니다. 해외 전지훈련 때 만난 세계적인 전문가들은 김연아를 보고 이렇게 말했다고 합니다.

"머지않아 한국에서도 피겨스케이팅 챔피언이 나오겠네요."

나는 고등학교 1학년 때 복싱 도장에 조금 다닌 적이 있습니다. 그런데 코치가 나를 가르치지 않더군요. 내가 복싱으로는 밥 먹고 살 만한 재목이 안 된다는 것을 알아챈 것이지요.

미국에서 물리학자로 일하는 친구가 있습니다. 그 친구는 서울대학교를 졸업한 뒤 미국 유학을 떠나야 하는데 비행기 티켓을 살 돈이 없었습니다. 그러자 교수들이 돈을 모아 티켓을 사주었습니다. 조금만 도와주면 그가 성공할 수 있으리라 믿었던 것이지요.

전문가가 도와주려고 한다면 그것은 그 분야에 재능이 있거나 발전 가능성이 크다는 암시입니다. 전문가들은 시간을 낭비하지 않습니다.

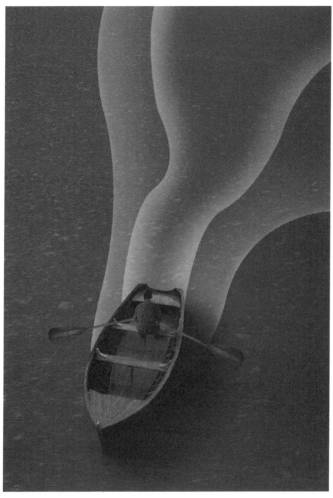

선생, 코치 또는 멘토가 당신이 뭔가를 해낼 수 있다고 믿는다면 당신이 정말로 그것을 해낼 가능성이 커진다.

If your teacher, coach, or mentor believes you can do something, you're more likely to do it.

- 그웬 모란(Gwen Moran, 비즈니스 컨설턴트)

열정으로 자기 일에서 최고가 되자

아무리 미술로는 먹고살기 힘들다고 해도 일류화가의 작품은 수억, 수십억 원에 거래됩니다.

글을 써서는 거지꼴을 못 면한다고 하지만, 조앤 롤링은 판타지 소설 《해리 포터》로 수십억 달러를 벌었습니다. 또 요즘에는 만화를 그려서 1년에 수억을 버는 작가들도 꽤 있습니다.

장사는 위치가 가장 중요하다고 하지만, 위치가 나빠도 음식이 맛있으면 일부러 찾아가는 사람들이 많습니다.

위조화폐를 감식하는 일부 전문가들은 은퇴해서도 은행 측의 요청으로 계속 일을 합니다.

목욕탕 세신사(洗身師)도 정성을 다해 손님의 등을 밀면 단골손님이 생겨 생계에 지장이 없다고 합니다.

어떤 일을 하든 일단 거기에 열정을 쏟아부어야 합니다. 그러면 저절로 정상에 오르게 됩니다. 예술, 체육 등 타고난 재능이 필요한 분야 외에는 열정이 곧 정상으로 올라가는 사다리입니다.

어떤 분야에 뛰어들든 그 분야에서 최고가 되어야 한다. 그 외에 다른 공식은 없다. 열정, 정직 그리고 노력이 전부다. 멋있어 보이려면 상당한 노력이 필요하다. 능력이 축복인 것은 그 일을 영원히 할 수 있다는 데 있다.

Whatever you go into, you have to go in there to be the best. There's no formulas. It's all about passion and honesty and hard work. It might look glamorous, but it takes a lot of hard work. The blessing with the arts is that you can do it forever.

- 휴 마세켈라(Hugh Masekela, 트럼펫 연주자)

정직하게 노력했다면 결과에 관계없이 당당하다

열심히 공부한다고 해서 꼭 좋은 성적이 나오는 것도 아니고 좋은 대학에 들어가는 것도 아닙니다. 자기 실력에 어울리지 않게 낮은 학교에 입학하거나 낮은 점수를 받을 수 있습니다. 하지만 최선을 다해 공부했다면 가슴 깊은 곳에서 당당함이 느껴집니다. 그런 학생은 결국 잘되더군요.

반대로 부정행위로 좋은 점수를 받거나 좋은 대학에 들어갈 수도 있습니다. 그런 학생들은 아무리 안 그런 척해도 양심의 가책을 느낍니다. 자기 능력보다 좋은 대학에 들어갔다면 실력이 뒤처지게 되고, 결국에는 자기 능력에 걸맞은 대학에 들어간 것보다 상황이 나빠질 수도 있습니다.

부자는 거지꼴을 하고 있어도 부자입니다.
거지는 화려한 옷을 걸치고 있어도 거지입니다.
최선의 노력을 기울였다면 결과가 기대에 조금 못 미쳐도 당당해지고, 결국에는 실력 발휘를 하게 됩니다.

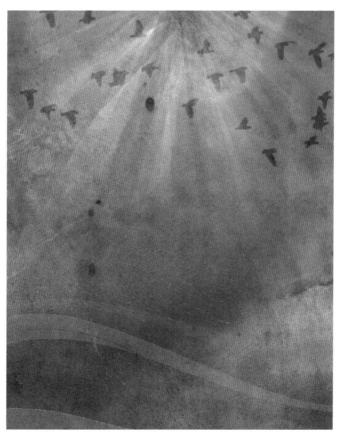

나는 내가 열심히 일한다는 사실이 자랑스럽다. 열심히 일한다고 해서 내가 원하는 대로 결과가 나타나는 것은 아니다. 내가 원했던 것 중에서 얻지 못한 것들이 얼마나 많은지 모른다. 하지만 부모님에게 사적으로나 직업적으로 위대한 근면 윤리를 가져야 한다는 것을 배운 것은 큰 축복이다.

I'm proud of my hard work. Working hard won't always lead to the exact things we desire. There are many things I've wanted that I haven't always gotten. But, I have a great satisfaction in the blessings from my mother and father, who instilled a great work ethic in me both personally and professionally.

- 탬론 홀(Tamron Hall, 방송인)

계속 노력하면 모든 것이 뜻대로 이루어질 수 있다. 어떤 경우든 계속 노력해야 한다. 그러지 않으면 아무것도 얻을 수 없다.

Maybe everything comes out all right, if you keep on trying. Anyway, you have to keep on trying; nothing will come out right if you don't.

- 로라 잉걸스 와일더(Laura Ingalls Wilder, 작가)

노력은 재능보다 소중하다

누구라고 말할 수는 없지만, 우리나라 축구선수 가운데 천재 소리를 듣는 선수가 몇 명 있었습니다. 하지만 그들은 소리 소문 없이 사라졌습니다. '게으른 천재'라고 불린 그들과는 달리 기술은 부족했지만 경기 내내 지독하게 뛴 선수들도 있었습니다. 그들은 심심치 않게 골도 넣었지요. 두 스타일의 선수 가운데 어느 쪽이 더 사랑을 받았을까요? 당연히 기술은 부족해도 무작정 뛴 선수들이지요.

천재로 불리던 작가들도 꽤 있었습니다. 하지만 공교롭게도 그들은 몇 편의 작품만 내놓고 행방을 감추었습니다. 반면 재능은 없지만 마구잡이로 글을 생산해내는 이른바 싸구려 작가들도 있습니다. 신춘문예 출신의 한 작가가 어느 3류 작가의 글을 좋아한다고 해서 그 이유를 물었습니다. 이렇게 대답하더군요.

"열심히 사시는 분이잖아요. 그 열심을 내 가슴에 집어넣고 싶어서 그분의 글을 읽어요. 스토리 전개가 말도 안 되지만, 그게 오히려 좋을 때가 있어요."

재능은 식탁용 소금보다 가치가 없다. 얼마나 노력했느냐에 따라 재능 있는 사람
과 성공한 사람으로 나뉜다.

Talent is cheaper than table salt. What separates the talented individual
from the successful one is a lot of hard work.

- 스티븐 킹(Stephen King, 작가)

99번의 실패 끝에 얻은 1번의 성공

꿈을 크게 가진다고 해서 현실이 꼭 그렇게 되는 것은 절대 아닙니다. 작은 꿈을 현실화하는 데는 작은 노력으로 가능합니다. 하지만 큰 꿈은 큰 노력을 쏟아부어야 실제로 이루어집니다. 큰 꿈은 단 한 번의 시도로 달성되는 경우가 거의 없습니다. 수백 번, 수천 번의 시도 끝에 결실을 보게 되지요.

새로운 의약품을 개발해서 시장에 내놓기까지 걸리는 기간은 평균 10년이고, 비용도 무려 26억 달러나 들어갑니다. 그 과정은 실패의 연속입니다. 또한 시장에 나온다고 해서 부작용이 전혀 없는 완벽한 약품도 아닙니다. 앞으로도 계속 개발하고 개선해야 합니다.

만족할 만한 성과는 99%의 실패 끝에 얻어집니다. 실패는 고통입니다. 그 고통을 인내한 사람만이 열매를 얻습니다.

많은 사람이 큰 꿈을 꾸지만, 대개는 뜻을 이루지 못한 채 나가떨어진다. 그래도 당신은 희망을 내려놓지 말고 노력과 인내로 끈질기게 붙들고 늘어져야 한다. 쓰러질 때마다 일어나고 또 일어나서 나가면 결국에는 목적을 달성하게 된다.
A lot of people have their big dreams and get knocked down and don't have things go their way. And you never give up hope, and you really just hold on to it. Hard work and perseverance. You just keep getting up and getting up, and then you get that breakthrough.
- 로버트 크래프트(Robert Kraft, 기업인)

단 하나의 기회도 남아 있지 않을 때까지 계속 노력하라.
Keep trying until you have no more chances left.
- 에이미 카터(Aimee Carter, 작가)

뒤처져도 악착같이 달라붙으면
돕는 이가 나타난다

한국외대 통번역대학원 교수 최정화 박사는 통역계의 거목입니다. 그녀는 대학을 수석으로 졸업한 뒤 파리 제3대학교 통역대학원으로 유학을 갔는데, 처음 치른 시험에서 꼴찌를 했습니다. 퇴학을 당할 수도 있다는 위기감에 그녀는 잠을 거의 자지 않고 죽기 살기로 공부했습니다. 그녀의 노력을 가상히 여긴 교수는 특별 개인지도를 해주었지요. 그 결과 수석으로 졸업한 것은 물론 그 대학의 교수로 임명되었습니다.

지금은 실력이 많이 모자라도 안간힘을 다하면 도와주는 사람이 등장하게 마련입니다. 파산하고 나서도 살려고 아등바등하면 채권자가 오히려 돈을 더 빌려주기도 합니다.

노력은 세상을 향해 문을 열고 당신이 진심으로 자신의 재능을 최대한 발휘하는 희귀하면서도 특수한 사람이 되고 싶어 한다는 사실을 알려준다.
Hard work opens doors and shows the world that you are serious about being one of those rare - and special - human beings who use the fullness of their talents to do their very best.
- 로빈 샤르마(Robin S. Sharma, 동기부여 저술가)

땀 흘려 일하고 얻는 안식

　퇴근길에 지하철을 타면 먼지투성이 작업복 차림에 하루 종일 흘린 땀 냄새가 풀풀 나는 사람들을 만날 수 있습니다. 간혹 미간을 찌푸리며 자리를 피하는 승객도 없지 않지만, 그렇게 힘들여 일한 사람을 부러워하는 사람도 있습니다.

　길거리 청소를 하는 사람, 공중화장실을 관리하는 사람, 쓰레기 무단 투기를 단속하기 위해 고무장갑을 끼고 쓰레기봉투를 헤집는 사람, 공장 기계 앞에 앉아 뭔가를 하는 사람이 얼마나 부러운지 모릅니다.

땀 흘려 일한 대가는 평온한 안식이지만, 깨끗한 옷 입고 시간을 낭비하면 걱정이 태산같이 밀려옵니다.

땀 냄새는 환영받지 못하지만, 땀의 열매는 달콤하다.
The smell of the sweat is not sweet, but the fruit of the sweat is very sweet.
- 아밋 칼란트리(Amit Kalantri, 동기부여 저술가)

의문을 품어야 진리를 찾는다

과학자는 자연현상, 철학자는 삶에 대해 의문을 품고 해답을 찾으려 한평생을 보냅니다. 한 줄의 과학이론, 철학이론은 단기간이 아니라 수십 년, 수백 년, 수천 년에 걸쳐 관찰하고 실험하고 생각한 결과입니다. 그처럼 심오한 이론을 눈으로만 슬쩍 쳐다보고 다 이해한 것처럼 생각하면 안 됩니다. 보물 다루듯 손으로 써보고, 또 깊이 사고해볼 필요가 있습니다. 그렇게 함으로써 새로운 생각이 열리는 법입니다.

지식을 많이 축적하는 것도 좋지만, 지식 하나하나의 뿌리를 찾겠다는 각오로 연구하는 습관을 들여봅시다. 누가 압니까, 세계적인 과학자나 철학자가 될지.

집요하게 수시로 의문을 품는 것이 지혜를 얻는 가장 중요한 방법이다. 의심해야 탐구하게 되고, 탐구를 통해 진리를 알게 된다.
Assiduous and frequent questioning is indeed the first key to wisdom… for by doubting we come to inquiry; through inquiring we perceive the truth….
- 피에르 아벨라르(Pierre Abélard, 철학자·신학자·작가)

가치 있는 뭔가를 성사시키기 위해서는 한평생을 다 바쳐야 할지 모른다. 그 목표에 매달리는 사람들이 후회 없는 유산을 남기게 되는 것이다.

It can take a lifetime to build something worthwhile. Those who stick with it, build a legacy without regrets.

- 트레버 카스(Trevor Carss, 작가)

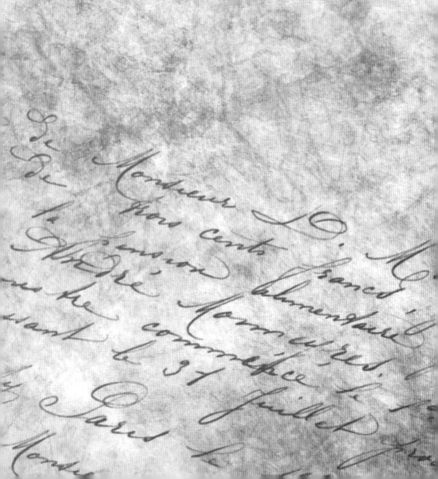

생각의 깊이는 끝이 없다

소설 《삼국지》는 참으로 특이한 것이 하나의 이야기가 다른 이야기를 만들어내고, 그 이야기가 또 다른 이야기를 만들어내는 식으로 전개됩니다. 물론 다른 소설들도 그런 점이 없지 않지만, 《삼국지》처럼 다양하고 길게 뻗어나가지는 못합니다. 작가 나관중은 별다른 플롯을 구상하지 않았지만 대신 깊이 생각하며 서서히 차분하게 글을 쓰지 않았나 싶습니다. 나관중의 소설 작법을 다른 일에도 적용하면 큰 도움이 될 것입니다.

그때그때 부딪히는 현상을 집요하게 사고하면 새로운 세상이 펼쳐집니다.

사람은 느리지만 집요하게 파고 들어가는 생각이라는 벌레의 도움 없이는 단 하나의 일도 해낼 수 없다.
Man cann ot produce a single work without the as sist ance of the slow, assiduous, corrosive worm of thought.
- 에우제니오 몬탈레(Eugenio Montale, 시인)

행동 외에는 방법이 없다

서울대학교에 들어가고 싶다는 소망이 강하면 강할수록 서울대학교에 합격할 가능성이 더 높습니까? 아닙니다. 서울대학교에 전혀 가고 싶지 않아도 열심히 공부하면 자연스럽게 들어갈 수 있습니다.

부자가 되고 싶은 소망이 강하면 강할수록 부자가 될 가능성이 커집니까? 부자가 되고 싶지 않은 사람은 하나도 없습니다. 오직 돈 버는 행동을 해야 부자가 될 수 있는 것입니다.

서울대학교에 가고 싶다면, 그만 소망하고 몸을 움직여 공부해야 합니다. 거부가 되고 싶다면, 부자가 되는 상상을 그만하고 돈을 벌 수 있는 행동을 해야 합니다.

행동 외에는 다른 방법이 없습니다.

더욱 강렬하게 소망할 필요는 없다. 당신은 더욱 열심히 일해야 한다.
You don't need to wish harder, you need to work harder.
- 아밋 칼란트리(Amit Kalantri, 동기부여 저술가)

사고방식은 과거, 교육, 돈, 환경, 다른 사람들의 행동이나 말보다 중요하다. 외모, 타고난 재주, 기술보다도 중요하다.

Attitude is more important than the past, than education, than money, than circumstances, than what people do or say. It is more important than appearance, giftedness, or skill.

- 찰스 스윈돌(Charles Swindoll, 목사)

좋아하는 일에서 기적이 일어난다

뉴욕에서 의사로 일하던 김훈이는 어느 날 아침 병원으로 출근하지 않고 곧장 요리학원으로 달려가 등록을 했습니다. 그는 지금 뉴욕에서 고급 한식당을 하고 있습니다. 의사는 사람들이 부러워하는 직업이지만, 본인이 마음에 들지 않으면 더 좋은 일을 찾아보는 것이 바람직합니다. 김훈이는 자신이 좋아하는 일을 하고 있으므로 의사로 돌아갈 마음은 추호도 없다고 합니다.

존경받는 일, 돈을 많이 버는 일이라고 해서 억지로 뛰어들면 결코 탁월한 결과를 성취할 수 없습니다.

자신이 좋아하는 일에서 기적이 발생합니다.

자기 일을 좋아하면 자기 일에 놀랍도록 열심을 내게 되고, 그로 인해 질적으로나 양적으로 탁월하게 된다.
When you love your work, you will be exceptionally diligent in what you do and you will excel in delivering both quality and quantity.
- 프렘 자기아시(Prem Jagyasi, 비즈니스 컨설턴트)

낮에 최선을 다하는 삶

　　발레리나 강수진은 독일 슈투트가르트발레단의 수석 발레리나로 활동했으며, 은퇴하면서 동양인 최초로 종신단원 자격을 얻은 세계적인 발레리나입니다. 그녀는 초일류로 올라서기까지 하루에 2~3시간씩만 자면서 남들보다 토슈즈를 몇 배나 소비하며 연습했습니다. 발가락이 골절되었을 때도 연습을 했다고 합니다.

　　그녀처럼 무섭게 노력하는 것도 좋지만, 수면과 휴식을 충분히 취하면서도 정상에 오를 방법이 있습니다. 정신이 말짱한 낮에 집중해서 자기 할 일을 하는 것입니다. 직장인의 경우 어차피 근무시간이 아닙니까? 또한 학생은 수업시간에 선생님의 말씀에 집중해보십시오. 방과 후 학원에 가서 공부한다 해도 이미 피곤한 상태에서 효율성이 있을 리 없습니다.

시간을 억지로 확보하려 하기보다는 주어진 시간에 최선을 다하는 것이 일류가 되는 방법입니다.

당신을 속박하는 모든 평범함의 고리를 끊어라. 중간보다 못한 수준에서 시작하더라도 과감히 움직여 그 지점을 벗어나 강을 건너 명예를 얻어라.

Break every chain of mediocrity that confines you. You may have begun at a level below average, but dare to leave that side and paddle your steps to cross the river with honours.

- 이스라엘모어 아이보르(Israelmore Ayivor, 저술가)

변명이라는 독

지금까지 살아오면서 경험한 바에 따르면 변명은 삶의 독 같은 것입니다. 언제까지 일을 마치기로 했으면 천재지변이 일어나지 않는 한 만족할 만한 결과로 끝내야 합니다. 그래야만 의뢰자가 자신의 일정대로 일을 진척시킬 수 있으니까요.

내 경험상 기간 내에 만족할 만한 수준으로 일을 마치면 계속해서 다른 일이 들어오더군요. 물론 그 반대의 경우에는 신용을 잃어일이 들어오지 않습니다. 약속을 지키지 못할 때는 꼭 변명이 따라붙습니다.

변명이 자신의 미래를 망가뜨린다는 것을 인식한다면 변명할 필요가 없도록 더 부지런해져야 합니다.

더 나은 사람이 되려면 부지런하고, 미루거나 변명의 유혹에 속아 평범한 단계로 떨어지지 않게 하라.
To become a better you, be diligent and never let the charms of procrastination and excuses seduce you to fall for mediocrity.
- 이스라엘모어 아이보르(Israelmore Ayivor, 저술가)

처음부터 끝까지 한결같은 마음으로

일을 시작하면 처음엔 꼼꼼하게 정성을 다해 일합니다. 하지만 시간이 지나면 마음이 느긋해지면서 '이 정도만 해도 괜찮겠지!' 하고 풀어집니다. 그래서 끝이 가까워질수록 더 엉망이 되는 경향이 있습니다. 중간에 게을러져서 시간을 낭비한 경우엔 더욱더 그렇습니다.

처음이나 끝이나 같은 자세와 긴장감으로 일해야 합니다. 부실하게 끝을 맺으면 반드시 항의가 들어오고, 다시 일을 해줘야 합니다. 비용과 시간이 훨씬 더 들어갑니다.

처음부터 끝까지 일관되게 잘하려면 게으르지 말아야 합니다. 그렇게 하면 남들이 "제발 내 것도 해주세요" 하고 억지로 일을 맡깁니다.

하나님이 땅에 집을 100채 지으라고 지시하셨고, 지금까지 98채를 지었다. 99번째 집은 처음 지을 때의 마음가짐으로 지어야 하고, 최선을 다해 그 사명을 완수해야 한다. 필요 이상의 노력을 기울여라!
When God calls you to build 100 castles on earth and you built 98, take the 99th as if it's the begining of your work and work hard to finish the race with all excellence. Go the extra mile!
- 이스라엘모어 아이보르(Israelmore Ayivor, 저술가)

게을러선 안 되는 청년기

"젊어 고생은 사서도 한다"는 속담이 있습니다. 고통스러울 정도로 미래에 자양분이 될 일을 하라는 것입니다. 고통을 느낄 정도로 공부하고, 운동하고, 또 기술을 닦으라는 의미입니다. 그때 배운 공부, 기술, 운동은 나를 보람된 미래로 이끌어줍니다. 상당한 수학 실력을 쌓았다면 수학이 필요한 분야로 진출할 수 있고, 운동 실력을 쌓았다면 거액의 연봉을 받는 프로선수가 될 수 있고, 기술을 갖췄다면 그 기술이 필요한 곳으로부터 환영을 받게 됩니다.

반면 공부도 안 하고, 기술도 없고, 운동도 하지 않았다면 지원자가 차고 넘치는 분야에서, 그것도 낮은 임금을 받으며 일할 수밖에 없습니다.

청년은 앞으로 살아갈 날이 수만 리 길이라 안심하겠지만, 공부하고 기술을 닦을 시간은 얼마 남지 않았습니다. 하릴없이 시간을 보낼 때가 아닙니다.

청년기는 삶을 충분히 즐기거나 열심히 일하기에 가장 적당한 시기다. 어느 쪽으로 결정하느냐에 따라 평범한 인생이 되느냐 전설적으로 성공한 인생이 되느냐로 갈린다.

Youth is the most suitable age to enjoy the life completely or to work diligently for the life, what you decide makes your rest of the life ordinary or legendary respectively.

- 아밋 칼란트리(Amit Kalantri, 동기부여 저술가)

갑갑할 땐 하나님께 물어보세요

인간은 약점과 모자람이 많은 존재입니다. 지위가 높고 자존감이 강한 사람이라도 난관에 봉착하면 하나님을 찾습니다. 어찌할 바를 모를 때 "하나님, 나 좀 도와주세요" 하거나 "제가 어떻게 해야 하는지 갈 바를 알려주세요" 하고 기도하면 어떤 생각이 떠오르거나 누군가를 만나게 되고, 그로 인해 문제가 해결되는 경험을 했을 것입니다.

어떻게 해야 할지 모를 때는 하나님께 조용히 물어보세요. "저 어떻게 해야 하나요?"

지혜에 귀를 기울이고 하나님과 매일 열심히 걷는다면 많은 것을 성취할 수 있다.
Much can be accomplished if you seek a heart of wisdom and walk diligently with God each and every day.
- 엘리자베스 조지(Elizabeth George, 소설가)

혼자선 살 수 없다

19세기 이전을 배경으로 한 영화나 소설을 보면 이해 안 되는 점이 있습니다. 범죄를 저지르고 아무도 없는 산속으로 들어가 농사짓고, 나무에서 과일을 따고, 동물을 잡아먹으면서 얼마든지 살 수 있을 것 같습니다. 게다가 당시에는 인구도 매우 적었으니까요. 그런데 이상하게도 꼭 마을로 내려와서 숨어 다니다가 잡힌다는 것이지요.

수년 전 안타까운 사연이 신문에 실렸습니다. 어느 노인이 자살하기 전에 자신의 전화기로 계속해서 자신에게 전화를 걸었다는 것입니다. 얼마나 얘기가 하고 싶었으면 그랬을까요.

사람은 사람을 만나야 합니다. 만날 사람이 없으면 도서관이라도 가십시오. 배가 고프면 무료급식소나 주민센터를 찾아가십시오. 일하고 싶으면 일거리가 있을 만한 곳을 찾아가십시오. 가만있으면 아무도 도와주지 않습니다.

개인은 긴밀하게 연결되어 있는 사회망 밖에서는 살아남을 수 없다.
The individual cannot exist outside of the many spheres of the deeply interconnected webs of life.
- 브라이언트 맥길(Bryant McGill, 저술가)

바위에 구멍을 뚫듯 조금씩 그러나 끈기 있게

마라톤 선수들은 일반적으로 단거리 육상선수들보다 보폭을 짧게 해서 뜁니다. 처음부터 긴 보폭으로 달리면 금방 지치기 때문이지요.

공부 잘하는 학생은 한꺼번에 많은 분량을 공부하지 않습니다. 그날 배운 것만 익혀나가도 벼락치기하는 학생들보다 성적이 좋고, 나중에는 엘리트 직업 또는 높은 연봉을 받는 직업을 얻게 됩니다.

직장에서도 갑자기 높은 자리에 오른 사람은 오래가지 못합니다. 그 환경에 골고루 익숙한 사람이 높은 자리에 올라도 오래 생존할 수 있습니다. 메리 베라는 고등학교 졸업반인 열아홉 살에 제네럴모터스(GM) 실습사원으로 들어가 차근차근 단계를 밟았습니다. 그녀는 34년 만에 첫 여성 회장으로 취임했고, 2020년 현재 4년째 순조롭게 회장직을 영위하고 있습니다.

조금씩 꾸준히 일하는 것이 성공의 비결입니다.

리더는 보폭이 짧은 걸음으로 높은 고지에 올라간다. 성실하게, 부지런히, 지속적으로 짧은 보폭으로 걸어가는 것이야말로 높은 곳에 도달하는 비결이다.
Leaders get to tall heights by taking short steps. Being faithful, diligent and consistent with little steps is the secret to mounting greater heights.
- 이스라엘모어 아이보르(Israelmore Ayivor, 저술가)

큰 산을 옮기려면 작은 돌부터 옮겨라.
The man who moves a mountain begins by carrying away small stones.

- 공자(孔子, 사상가)

나는 가장 성공한 사람의 무리에 들어갈 것이다

"말은 제주로, 사람은 서울로 보내라"는 말이 있습니다. 즉, 끼리 끼리 모여 있게 해야 잘 성장한다는 것이지요. 말은 다른 말과 교감을 하면서 자라고, 사람은 될 수 있는 대로 많은 사람과 교류하면서 인간으로서 해야 할 도리와 행위를 배웁니다. 일류대학에 들어가고 싶어 하는 이유도 마찬가지입니다. 모두 공부를 잘하고 열심히 하니 그 안에 있으면 공부를 하지 말라고 해도 할 수밖에 없지요.

랭킹이 떨어지는 학교에 다닌다고 해서 실망할 필요는 없습니다. 지금도 명문대 학생들은 놀지 않고 열심히 공부한다고 생각하면서 그들을 따라잡기 위해 노력하면 명문대 졸업생 못지않게 좋은 열매 를 맺을 수 있습니다.

꽃은 물을 가장 많이 뿌리는 곳에서 자라는 것이 가장 아름답다.
Flowers are prettiest where they are watered the most.
- 마츠호나 딜리와요(Matshona Dhliwayo, 철학자)

성실이 곧 실력이다

목숨이 경각에 달린 중환자는 수술을 잘하는 의사를 일부러 찾아갑니다. 실력이 없어 환자를 고생시킨다는 소문이 돌면 그 의사는 그것으로 끝입니다.

실력은 기술이기도 하고 때로는 성실성이기도 합니다. 내가 번역회사에 소속되어 성심성의껏 번역을 했을 때는 의뢰자가 나를 콕 집어 번역해달라고 요청했습니다. 하지만 게을러져서 데드라인을 밥 먹듯 어기는 습관이 붙고 나서는 회사에서 내게 일 맡기는 것을 불안해했고, 자연스럽게 일이 끊겼습니다.

실력이 있으면서 성실하기까지 하면 금상첨화겠지만, 조금 모자라는 실력은 성실로 커버되기도 합니다.

필사적으로 능력을 배양하라. 당신에게 능력이 있다면 사람들은 당신이 어떤 일을 맡을 때 마음을 놓는다. 당신에게 일을 맡기는 것을 사람들이 불안해한다면 당신 자신을 돌아봐야 한다.
Dare to be competent. Competency is what makes every one remain at peace when things are being handled by you. Watch yourself if everyone feels uncomfortable just because it's you doing it.
- 이스라엘모어 아이보르(Israelmore Ayivor, 저술가)

돈으로 살 수 없거나 측정할 수 없는 무언가에 진실로 소중한 것을
추가한다면, 그것은 성실과 진실성이다.
To give real service you must add something which cannot be
bought or measured with money, and that is sincerity and integrity.

- 더글러스 애덤스(Douglas Adams, 소설가)

"하도 노력하니까 됩디다!"

장주원은 옥 전문가가 없는 국내 환경에서 혼자 옥을 연구해 세계적인 옥 예술가가 되었습니다. 그는 옥을 다룰 때는 하루에 한 끼밖에 먹지 않았고, 한겨울에도 난로를 켜지 않았으며, 일절 외출도 하지 않고 하루에 20시간을 일했다고 합니다. 그는 이렇게 말합니다.

"하도 노력하니까 됩디다!"

한평생을 살면서 "노력을 해도 징그럽게 한다"는 소리 한번 들어봐야 하지 않겠습니까?

누구라도 배울 때는 어려움에 봉착한다. 하지만 노력하면 마스터할 수 있다.
In the learning process, a learner does encounter some difficulty. But with diligent, you will master the act.
- 레일라 기프티 아키타(Lailah Gifty Akita, 저술가)

반복의 위대함

훌륭한 요리사가 되려면 요리학원에서 공부하거나 장인 밑에 들어가서 배워야 합니다. 무쇠를 녹여 상품 가치가 있는 가마솥을 만들려면 최소한 10년 이상의 경험이 필요하다고 합니다. 그것은 대학 공부보다 몇 배나 길고 고달픈 과정입니다. 하지만 그들은 어떤 고통이나 수모, 가난에도 중단하지 않고 그 길을 달려왔기에 전문가로 인정받는 것입니다.

지루한 반복이 나를 정상에 올려놓습니다.

배우는 사람은 꾸준한 연습으로 전문가가 될 수 있다.
You are learner. With diligent practice, you will be an expert.
- 레일라 기프티 아키타(Lailah Gifty Akita, 작가)

고도의 집중력

윤인배 박사는 복강경 수술의 세계적인 권위자입니다. 그는 연세대학교 의과대학을 졸업한 뒤, 미국에서 존스홉킨스 의과대학 교수로 재직하면서 무려 300여 건의 기술 특허를 받은 과학자이기도 합니다. 그가 이처럼 엄청난 업적을 남길 수 있었던 것은 고도의 집중력 때문입니다. 그는 연구에 집중해 닷새 밤을 꼬박 새운 적도 있었고, 홍수로 집이 침수되는 것을 몰랐던 적도 있었습니다.

무슨 일을 하든 윤인배 박사처럼 고도의 집중력을 발휘한다면 이루지 못할 꿈이 없을 것입니다.

근면은 큰 꿈이 이루어지게 한다.
Diligence makes big dreams come to past.
- 선데이 아델라자(Sunday Adelaja, 목사)

일을 하기 전에 철저히 준비하라

준비는 시작을 잘하기 위해서 하는 것입니다.

준비하는 동안 계획 실행을 위해 필요한 것이 무엇인지 알게 됩니다.

준비하면서 만족스러운 부분과 불만족스러운 부분이 파악됩니다.

사람들은 충분히 준비된 프로젝트에만 동참하고 싶어 합니다. 프로젝트의 실패로 손해를 보고 싶지는 않기 때문이죠.

열심히 준비한 사람만이 기회를 잡습니다.

기회는 도도한 여신이다. 여신은 준비하지 않는 사람에게는 전혀 시간을 쓰지 않는다.

Opportunity is a haughty goddess who wastes no time with those who are unprepared.

- 조지 새뮤얼 클레이슨(George Samuel Clason, 작가)

노력엔 지속성이 있어야 한다

스타벅스를 세계적인 브랜드로 키우고 회장을 역임한 하워드 슐츠는 일벌레로 악명이 높습니다. 그는 회사에서 13시간을 일하고도 집에 가서 또 일을 했습니다. 장거리 해외 출장을 갔다가 토요일에 집에 도착했을 때는 일요일에도 회사에 출근해서 밀린 업무를 처리했습니다.

애플의 CEO 팀 쿡은 새벽 4시 30분부터 일을 시작합니다. 그가 스티브 잡스의 뒤를 이어 애플의 최고경영자 자리에 오른 것은 이처럼 평생을 근면하게 살아온 결과입니다.

성공한 사람이 많지 않은 것은 이들처럼 지속적으로 노력하는 사람이 적기 때문입니다.

성공하기 위해선 노력해야 한다. 노력은 지속적이고 끈질기고 성실하게 힘든 일을 하는 것을 말한다.

In order to have success we have to make an effort and this demands persistent, diligent hard work.

- 선데이 아델라자(Sunday Adelaja, 목사)

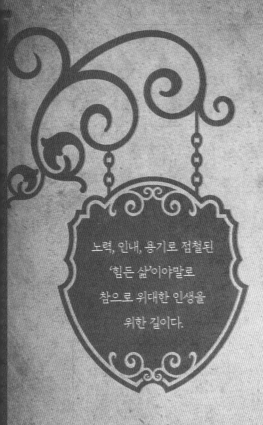

노력, 인내, 용기로 점철된
'힘든 삶'이야말로
참으로 위대한 인생을
위한 길이다.

A difficult life spent in hard-work, perseverance, and courage
will pave the way for a life of true greatness.
- 아비짓 다스(Avijeet Das, 작가)

집중은 근면이다

산만하면 공부를 잘할 수 없고, 일도 효율적으로 해낼 수 없습니다. 산만하다는 것은 게으르다는 의미입니다. 손발을 게으르게 놀리면 가난해집니다. 공부를 열심히 하는 학생, 일에 집중하는 근로자를 관찰해보십시오. 그들은 집중하고 있지 산만하지 않습니다.

잠언(10장 4절)에는 이런 구절이 있습니다.

"손을 게으르게 놀리는 자는 가난하게 되고 손이 부지런한 자는 부하게 되느니라."

집중은 근면을 의미한다. 근면하면 반드시 부유해진다.
Focus means being diligent. Diligence always leads to wealth.
- 선데이 아델라자(Sunday Adelaja, 목사)

독종이라야 성공한다

물류업체 아마존이 미국 최고 기업의 하나가 된 것은 우연이 아닙니다. 초기엔 직원들이 일요일도 없이 하루 12시간 이상 일했고, 새벽 3시까지 상품을 배송하기도 했습니다. 설립자이자 최고경영자인 제프 베조스는 고등학교 시절부터 한번 마음먹은 일은 반드시 해내는 독종으로 불렸다고 합니다.

성공한 사람들은 예외 없이 죽을 각오로 일에 매달립니다.

치열한 노력 없이는 운명을 개척해나갈 수 없다.
It is impossible to make your own luck without the ingredient of hard work.
- 마츠호나 딜리와요(Matshona Dhliwayo, 철학자)

노력엔 보상이 따른다

미국해군연구소에서 근무하는 제임스 템플턴 박사는 두 팔을 쓸 수 없는 장애인으로 조지워싱턴대학을 최우등으로 졸업하고, 같은 대학에서 컴퓨터 사이언스로 박사학위를 받았습니다. 그는 대학 시절 〈눈이 어떻게 보는가〉라는 제목의 연구를 통해 최우수 논문상을 받았는데, 심사위원들은 그가 상을 받으러 강단에 오를 때까지 장애인이라는 것을 몰랐습니다.

그렇다면 그는 어떻게 컴퓨터 자판을 두드리고 마우스를 컨트롤했을까요? 발가락입니다. 손을 자유자재로 사용하는 정상인보다 몇 배나 느리게 컴퓨터를 다루었지만, 그는 토끼를 이긴 거북이처럼 느려도 끈질기게 연구에 몰두했습니다.

정상인이 템플턴 박사처럼 인내하며 노력한다면 이루지 못할 꿈이 없을 것입니다.

노력은 보상을 받는다. 노력하면 언제라도 재능 있는 자를 이긴다. 재능이 있는 데다 노력까지 하는 사람을 이기기는 어렵다.
Hard work pays off - hard work beats talent any day, but if you're talented and work hard, it's hard to be beat.
- 로버트 그리핀 3세(Robert Griffin III, 미식축구선수)

하루 10개의 아르바이트로 빚을 갚다

이종룡은 빚을 얻어 사업을 시작했는데, 사업에 집중하기보다는 낭비를 해서 4억이라는 빚을 남기고 파산했습니다. 하지만 그는 50이 넘은 나이에도 좌절하지 않았고, 채권자들을 피하지도 않았습니다. 그는 학원차 운전, 사우나 청소, 떡배달, 신문배달, 전단지 배포 등 하루에 10가지 아르바이트를 하며 악착같이 돈을 벌었습니다. 잠은 하루에 고작 1시간 30분을 잤을 뿐입니다.

그렇게 해서 그는 13년 만에 빚을 다 갚았습니다. 태만이 불러온 난관을 근면으로 극복한 좋은 사례입니다.

전문가들은 앞으로 세계적인 불경기 때문에 점점 더 살기 힘들어질 것이라 예측하고 있습니다. 하지만 이종룡의 5분의 1만큼이라도 근면하면 극복할 수 있을 것입니다.

근면은 난관을 극복하게 해주는데, 난관은 게으름 때문에 생긴다.
Diligence overcomes difficulties; sloth makes them.
- 벤저민 프랭클린(Benjamin Franklin, 정치인·저술가·발명가)

쉬면 죽는다

선박에 비유하자면 생각과 말은 목적지를 정하는 방향키입니다. 하지만 엔진을 가동하지 않으면 방향키는 아무 소용이 없습니다. 엔진은 배가 목적지에 도착할 때까지 쉬지 않고 일합니다. 엔진이 멈추면 배는 망망대해에 떠 있을 수밖에 없습니다. 동물은 말은 하지 않지만 먹고살기 위해 부지런히 먹이를 찾아다닙니다. 게으른 것처럼 보이는 식물도 잎을 통해, 땅속의 흙을 통해 쉬지 않고 양분을 취합니다.

살아 있는 것 중에서 쉬는 것은 하나도 없습니다. 쉬면 그냥 죽는 것입니다.

부지런한 손이 게으른 혀보다 더 많은 것을 성취한다.
Busy hands achieve more than idle tongues.
- 마츠호나 딜리와요(Matshona Dhliwayo, 철학자)

하늘이 무너져도 할 일은 한다

　승산이 없는 싸움에 구태여 도전할 필요는 없습니다. 하지만 선택의 여지가 없다면 남들보다 몇 배 더 공격적으로 에너지를 쏟아부으면서 필사적으로 노력해야 합니다. 역사는 승산 없는 싸움에 도전한 사람들에 대해 기록하고 있습니다. 서기 70년, 로마군이 이스라엘을 점령하자 유대인은 마사다 요새로 피신해 2년간 버티다가 모두 자결했습니다. 역사는 그 일을 위대한 저항으로 기록하고 있습니다.

"내일 종말이 오더라도 나는 한 그루의 나무를 심겠다"고 각오하면 최악의 상황에서도 흔들리지 않고 자기 할 일을 하게 됩니다.

승산이 거의 없더라도 항상 전력을 다하라.
Always make a total effort, even when the odds are against you.
- 아놀드 파머(Arnold Palmer, 골프선수)

게으른 자에겐 휴식도 없다

하루에 10시간 공부하던 학생이 공부 시간을 7시간으로 줄여도 여유를 느낍니다. 반면 공부와는 담쌓고 지낸 게으른 학생은 단 1시간만 공부하려 해도 고통스럽습니다.

정상에 오른 사람이 "난 일에서 손 떼고 놀러 다녀" 하고 말하면 믿지 마세요. 그 사람은 하루에 15시간 일하다가 지금은 10시간 일하면서 마치 놀러 다니는 느낌을 가지는 것입니다.

게으른 사람은 게으른 것이 얼마나 고통스러운지 잘 압니다. 그들은 오히려 과로하는 사람들을 부러워합니다.

휴식은 쓸모 있는 뭔가를 하는 데 필요한 시간이다. 하지만 휴가는 근면한 사람들이 누리는 것이지 게으른 자는 결코 누릴 수 없다.
Leisure is time for doing something useful; this leisure the diligent man will obtain, but the lazy man never.
- 벤저민 프랭클린(Benjamin Franklin, 정치인·저술가·발명가)

아무리 노력해도 성공하기 힘들더라도 용기를 가져라.
지금까지 생존했던 위대한 사람들은 모두 그렇게 살았다.

If for a while the harder you try, the harder it gets, take heart. So it has been with the best people who ever lived.

- 제프리 홀랜드(Jeffrey Holland, 교육자·종교지도자)

나의 일은 하나님이 시키신 것

번역사무소에 등록하고 일을 하게 되면 처음엔 번역료가 1만 원도 안 되는 작은 일거리를 줍니다. 그것을 무시하고 그 일을 안 한다고 하거나 대충 해주면 다시는 일거리가 안 옵니다. 반대로 10만 원을 받는 것처럼 성의껏 해주면 그다음에는 더 큰 일거리가 주어집니다. 그것도 잘하면 더 큰 일이 맡겨지지요.

내가 간혹 들르는 모 기업체 화장실을 가보면 청소원이 오래 근무하게 될지, 그러지 않을지 짐작할 수 있습니다. 소변기 배수구에 담배꽁초나 가래침이 자주 고여 있으면 머지않아 청소부가 갈립니다.

내가 전에 살던 아파트의 계단을 청소하던 아주머니가 기억납니다. 그분은 신주가 반짝반짝 빛나도록 닦고 또 닦았습니다. 그분이 더 큰 아파트로 스카우트되어 갔을 때, 우리 동네 주민들은 그분에게 "언제라도 돌아오고 싶으면 돌아오시라"고 아쉬워했답니다.

처음부터 큰일을 맡을 수는 없습니다. 작은 일에 혼신을 다하면 주변에서 다 알게 되어 있습니다.

평범한 사람이 단순한 일이라도 하나님이 보실 때처럼 성실하게, 근면하게, 꾸준히 한다면 경이로운 결과를 얻게 된다.

Ordinary people who faithfully, diligently, and consistently do simple things that are right before God will bring forth extraordinary results.

- 데이비드 에이 베드나(David A. Bednar, 종교인)

노력으로 성장한다

일하면 돈을 벌게 됩니다. 그 돈으로 나와 가족이 삽니다. 가장이 일하지 않으면 그 가족은 정신적으로 육체적으로 고통을 받습니다. 가장은 가족이 고통을 받지 않도록 일해야 합니다.

내 친구는 아버지가 일하지 않아서 고통을 받았습니다. 툭하면 매를 맞고 집에서 쫓겨나 우리집으로 달려오곤 했습니다. 그는 자신은 아버지처럼 되지 않겠다고 이를 악물고 공부해서 크게 성공했습니다.

일을 하면 보람이 생깁니다. 그 보람은 또 다른 노력을 일으키고, 그로 인해 더 좋은 열매를 얻게 됩니다. 노력에는 중독성이 있습니다.

하나의 일을 해서 얻는 보상은 그로 인한 결과를 산출하는 것이고, 노력에 대한 보상은 그 노력으로 성장하는 것이다.
The reward of a work is to have produced it; the reward of effort is to have grown by it.
- 앙토냉 세르티양주(Antonin Sertillanges, 신학자·철학자)

고통을 피하려다가 게을러진다

　회사에 입사해서 처음부터 게으른 사람은 없습니다. 새 학년에 올라가면 학생들도 열심히 공부하겠다고 다짐합니다. 그러나 작심삼일(作心三日)이지요. 얼마 못 가 마음이 풀어지면서 대충 일하고, 대충 공부하게 됩니다.

　하지만 성공한 사람은 초지일관합니다. 처음의 결심을 끝까지 이행하지요. 그렇게 초지일관하는 사람은 천에 하나, 만에 하나입니다.

대부분의 사람이 초지일관하지 못하는 이유는 매 순간 다가오는 반드시 겪어야 할 고통을 피하기 때문입니다. 고통을 피하면 앞으로 나아갈 수 없습니다.

성공하기 위해서는 어떤 경우에도 처음부터 끝까지 근면해야 한다.
For every great success, diligence is desirable from the beginning to the very end.
- 레일라 기프티 아키타(Lailah Gifty Akita, 동기부여 전문가)

진실은 근면으로 증명된다

누구나 경험하는 심리현상이 있는데, 시간을 허비하면 은근히 불안해지면서 죄를 짓는 것 같습니다. 하지만 할 일을 제때에 하면 가슴이 뿌듯해지고 당당해지며, 또한 자신이 자랑스러워집니다.

이런 명언이 있습니다.

"이야기하지 말고 행동하라. 말하지 말고 보여주라. 약속하지 말고 증명하라."

근면이란 하나님이 주신 일에 진실하게 헌신적으로 임하는 것을 의미한다.
To be diligent means to be serious and devoted to the work of God.
- 선데이 아델라자(Sunday Adelaja, 목사)

옵션은 많을수록 좋다

연구를 업으로 하는 사람은 정도의 차이는 있지만 예외 없이 통계를 알고, 또 관련 소프트웨어를 사용합니다. 보통 유료 소프트웨어 하나와 무료 소프트웨어인 R를 겸용하지요. 유료 소프트웨어는 일반적으로 사용하기 쉽지만 상대적으로 확장성이 떨어지는 반면, 무료인 R는 배우기가 어렵지만 일단 익숙해지면 확정성이 좋고 창의성을 발휘하기 좋습니다. 그래서 어떤 유료 소프트웨어를 사용하더라도 R는 기본적으로 알려고 하는 것이지요.

외국어도 영어는 반드시 알아야 하고, 추가로 일본어나 중국어, 스페인어, 러시아어, 프랑스어, 독일어 등 제2 외국어를 습득해두는 것이 바람직합니다. 그러면 활동의 영역이 넓어지고 그만큼 수입도 늘어나게 됩니다.

사용할 도구가 많으면 많을수록 적응할 수 있는 환경의 범위도 그만큼 넓어집니다.

집중적인 노력이 성공의 열쇠이다. 목표에서 눈을 떼지 말고 완성을 향해 계속 앞으로 나아가라. 두 가지 방법 중 어느 것이 더 좋은지 확신이 없다면, 두 가지 방법으로 다 해보고 어떤 방법이 더 좋은지를 알아보라.

Focused, hard work is the real key to success. Keep your eyes on the goal, and just keep taking the next step towards completing it. If you aren't sure which way to do something, do it both ways and see which works better.

- 존 카맥(John Carmack, 프로그래머·기업인)

어떤 일이라도 그 일에 미치면 먹고산다

문명의 발달로 모든 것이 변한다고는 하지만, 한편으로는 가치 있는 것은 지키려 하게 마련입니다.

요즘 한국의 전통 농기구인 호미가 미국에서 불티나게 팔리는 통에 사양길을 걷던 대장간이 주목을 받고 있습니다. 신당동의 대장간거리를 오갈 때마다 큰 해머로 쇠를 내리치는 장인들을 보며 열심히 일하는 모습에 부러움을 느끼곤 합니다.

자개공예업 역시 사양산업이라고 했지만, 그 일에 미친 사람들은 먹고사는 데 전혀 지장이 없습니다.

무슨 일에든 미친 사람은 인정을 받습니다.

당신이 좋아하는 일을 하면 성공이 따라온다. 열정은 성공적인 삶을 부추기는 휘발유이다.
Do what you love and success will follow. Passion is the fuel behind a successful career.
- 메그 휘트먼(Meg Whitman, 기업인)

성실은 배신하지 않는다

미국에서 PACO 철강회사를 세운 백영중은 사업 초기에 최선을 다해 사업을 했지만 파산했습니다. 자동차에 휘발유를 넣을 돈도 없어 걸어서 거래처와 돈 빌릴 데를 찾아다녔습니다. 파산한 사람은 기피의 대상일 수밖에 없는데, 평소 백영중의 정직성과 성실성을 눈여겨본 거래처에서 오히려 돈을 더 빌려주었습니다. 결국 그는 재기에 성공해 PACO를 미국에서도 알아주는 철강회사로 키울 수 있었습니다.

백영중은 오리건대학 대학원에 다니면서 일본 식당에서 아르바이트를 했습니다. 그는 주인이 시키지도 않은 바닥 청소, 쓰레기 버리기, 접시 닦기도 했습니다. 이에 감동한 일본인 주인은 그를 팁을 많이 받는 식당으로 보내 학비를 마련하게 도와주었습니다.

너무 열심히 일을 하면 "그런다고 돈 더 주냐?"고 핀잔하는 사람이 있습니다. 빨리, 더 크게 성공하려면 그런 소리를 무시하고 주어진 일에 더욱 최선을 다해야 합니다.

행동하지 않아 발생한 손해는 실수로 인한 손해보다 훨씬 크다.
The price of inaction is far greater than the cost of a mistake.
- 메그 휘트먼(Meg Whitman, 기업인)

평판이 성공의 열쇠다. 따라서 고객에게 성실해야 한다.

Reputation is the key to success. You have
to be loyal to your customers.
- 리카싱(Li Ka Shing, 기업인)

행동하지 않으면 악의 노예가 된다

그저 바라보기는 너무 쉬워서 아무나 할 수 있습니다. 행동은 고통을 유발하고 또 책임이 뒤따르기 때문에 선뜻 이행하기가 어렵습니다.

몸에 병이 생기면 병명을 쉽게 알아낼 수 있지만, 수술을 해야 한다고 하면 주저하게 마련입니다. 수술을 받아야 생존 가능성이 있다고 해도 수술을 받지 않고 죽음을 택하는 사람도 있습니다. 고통이 죽음보다 더 엄중하다고 보기 때문이지요.

악이 팽배하는데 대중이 침묵하면, 악의 노예가 됩니다.

세상이 위험한 이유는 나쁜 짓을 저지르는 사람들 때문이 아니라 그저 바라만 보고 아무 행동을 하지 않는 사람들 때문이다.
The world is a dangerous place, not because of those who do evil, but because of those who look on and do nothing.
- 알베르트 아인슈타인(Albert Einstein, 물리학자)

나무처럼 조금씩 단계를 밟아 성장하라

도요타 아키오는 도요타기업을 설립한 도요타 사키치의 손자이자 도요타자동차를 시작한 도요타 키이치로의 아들입니다. 하지만 그는 하루아침에 회장 자리에 오른 것이 아니라 말단 직원으로 입사해 다양한 분야에서 경험을 쌓은 뒤 회장 자리에 올랐습니다.

동원그룹의 김재철 회장은 회사 직원들이 모르게 장남 김남구를 알래스카행 명태어선에 태워 하루 16시간씩 중노동을 시켰습니다.

큰 사업체를 운영하는 회장이 내게 이런 말을 한 적이 있습니다.

"나는 눈여겨본 직원을 고위직에 앉히기 전에 그 사람의 능력에 걸맞지 않은 낮은 직책에 내려보낸다. 그가 불평불만을 하지 않고 묵묵히 일하는지 보기 위해서다. 그런데 그 시험을 통과하는 사람은 별로 많지 않다."

하찮은 자리에서의 성실함은 더 영향력 있는 자리를 맡게 되는 가장 중요한 요인이다.
Diligence in employments of less consequence is the most successful introduction to greater enterprises.
- 새뮤얼 존슨(Samuel Johnson, 시인·문학평론가)

남들보다 아주 조금 더 일한 결과

인기 만화가 이현세가 처음부터 두각을 나타냈던 것은 아닙니다. 그를 좌절시킬 만큼의 천재가 있었다고 합니다. 그는 만화를 포기할까 고심하다가 매일 그 천재보다 딱 한 걸음씩만 더 하자고 마음먹고 조금씩 더 노력했습니다. 그랬더니 세월이 흐르면서 천재는 사라지고, 이현세는 세상이 다 아는 유명 작가가 되었습니다.

천천히, 간간이 떨어지는 물방울이 바위에 구멍을 냅니다.

근면과 기술로 불가능한 것은 거의 없다. 위대한 업적은 힘이 아니라 인내로 일궈진다.
Few things are impossible to diligence and skill. Great works are performed not by strength, but perseverance.
- 새뮤얼 존슨((Samuel Johnson, 시인·문학평론가)

수학도 끈기로 정복할 수 있다

히로나카 헤이스케는 수학의 노벨상이라 불리는 필즈상을 받은 세계적인 수학자입니다. 그의 자서전《학문의 즐거움》에 이런 내용이 나옵니다.

헤이스케가 하버드대학에서 박사학위를 받고 컬럼비아대학에서 교수를 할 때 공부를 못하는 학생이 입학했습니다. 미국 명문대학에서는 학업 실력이 떨어지더라도 특이한 경력이 있으면 받아주기도 합니다. 보통 공부를 못하면 교수를 피하는데, 이 학생은 그 반대였습니다. 교수만 봤다 하면 달려와서 수학에 대해 질문하고, 전화를 걸어서 한 시간씩 물고 늘어지는 바람에 나중에는 교수들이 오히려 이 학생을 피하려 했습니다. 이 학생은 어떻게 되었을까요? 박사학위를 받고 미국 최고 명문의 하나인 스탠퍼드대학의 조교수를 거쳐 캘리포니아대학의 교수가 되었답니다.

헤이스케는 괴물이라는 소리를 들을 만큼 엄청난 양의 논문을 써댔습니다. 학생들은《학문의 즐거움》을 꼭 읽어야 합니다.

헤이스케 교수는 수학 연구를 하며 '끈기'를 신조로 삼고 있습니다.

배움은 우연히 얻어지는 것이 아니라 열성을 다해 갈구하고 부지런히 집중해야
얻을 수 있다.

Learning is not attained by chance, it must be sought for with ardor and
attended to with diligence.

- 아비가일 아담스(Abigail Adams, 전 미국 영부인)

피곤하다고 휴식했다간 난관에 부딪힐 수 있다

번역회사를 통해 들어오는 일감은 대개 마감이 매우 촉박합니다. 원고지 100매 분량을 저녁 7시에 주고 다음 날 아침 9시까지 보내달라는 식입니다. 성격이 예민하면 감당하기 힘든 일이지요.

20여 년 전, 200자 원고지 400여 매 분량의 기술 관련 문서를 5일 만에 해달라는 의뢰를 받았습니다. 돈 욕심에 그 일을 맡고 보니 진도가 한 시간에 원고지 3~4매밖에 안 나오는 것이었습니다. 겁이 나서 번역회사로 전화해 다른 번역자에게 일감의 절반을 넘겼더니 은근히 여유가 느껴졌습니다.

그래서 하루 동안 휴식을 취하고 나서 일을 재개했는데, 그래도 여전히 마감시간을 지킬 수 없을 것 같았습니다. 게다가 하루 20시간을 일하다 보니 허리가 끊어질 듯 아프고 손가락에 관절염이 생길 것 같았습니다. 그때 나는 '휴식을 취하지 말았어야지. 이 바보야!' 하고 자책했습니다.

나는 독수리타법으로 가뜩이나 타자가 느린 데다가 검지가 아파서 더 이상 자판을 두드릴 수 없었습니다. 그래서 번역회사로 달려가 내가 말로 번역을 하면 여직원이 타자를 쳐주어 마감시간을 대여섯 시간 넘기고 나서야 간신히 마칠 수 있었습니다.

마감이 촉박한 일을 할 때나 시험일이 가까웠을 때는 "휴식을 취해야 능률이 오른다"는 속설을 믿으면 안 됩니다. 휴식을 취하면 그만큼 시간이 줄어들기 때문에 불안감이 증폭돼 오히려 더 능률이 떨어집니다.

근면해야 여유롭게 일을 진행할 수 있다.
With diligence it is possible to make anything run slowly.
- 텀 더프(Tom Duff, 프로그래머)

노력은 하나님의 은사

UCLA 치과전문대학원장을 지낸 박노희 박사는 노력으로는 누구에게도 뒤지지 않는 사람입니다. 그는 서울대 치과대학을 졸업한 뒤 조지아대학에서 약리학 박사를 받았습니다. 미국에서 이공계 박사학위를 받으려면 보통 1저자 논문 한 편이 학술지에 실리면 되지만, 그는 무려 15편이나 실렸습니다.

그는 하버드대학에서 강사를 하며 하버드 치과전문대학원을 다녀서 추가로 치의학 박사학위를 받고 하버드대학 조교수로 임명되었습니다. 그 뒤 종신 교수직을 제안한 UCLA로 스카우트되었습니다. 그는 18년이나 학장직을 수행하면서 UCLA 치대의 위상을 한껏 올려놓았습니다.

그는 한인 교포 신문에 실린 인터뷰에서 이렇게 말한 바 있습니다.

"하나님이 나에게 노력하는 은사를 주신 것 같습니다."

성공하기 위해선 노력 외에 다른 수단이 없다.
There is simply no substitute for hard work when it comes to achieving success.
- 헤더 브레쉬(Heather Bresch, 기업인)

당신은 머리가 나쁘다

머리가 좋다고 생각하는 사람은 대개 공부나 일에 태만합니다. 남들이 10시간 걸려 마칠 것을 자신은 5시간이면 된다고 믿기 때문입니다. 하지만 그런 사람은 5시간이 남았어도 여전히 시작하지 않습니다. 이번엔 4시간이면 될 것 같기 때문이지요. 4시간이 남았을 때 마지못해 시작하지만, 잘될 리 없습니다. 불안과 공포가 몰려오고, 그냥 포기하게 됩니다.

아인슈타인의 머리가 좋지 않았을 리 없습니다. 가뜩이나 머리가 좋은 데다 머리가 나쁘다고 착각하고 더욱 노력했으니 그 누가 경쟁 상대가 되었겠습니까?

장담하는데 당신의 머리는 좋지 않습니다. 머리가 나쁜 사람은 독기를 품고 공부나 일에 거머리처럼 달라붙는 수밖에 없습니다.

나는 머리가 좋은 것이 아니라 문제를 끈질기게 붙들고 늘어졌을 뿐이다.
It's not that I'm so smart, it's just that I stay with problems longer.
- 알베르트 아인슈타인(Albert Einstein, 물리학자)

포기하면 아무것도 얻지 못한다

목적 달성을 중도에 포기하는 것은 그 목적을 성취하는 데 필요한 만큼의 인내심이 없기 때문입니다. 1km를 달릴 때의 인내와 40km를 달릴 때의 인내가 다릅니다. 작은 목적을 위해선 작은 인내, 큰 목적을 위해선 큰 인내가 필요합니다. 40km를 완주하겠다면서 39km를 뛸 만큼만 인내력을 발휘하면 골인 지점 1km 앞에서 포기하게 됩니다. 육상경기라면 목표 지점이 확실하지만, 인생사에서는 알 수 없습니다.

쉽게 도달하리라 예상했던 골인선이 예상외로 멀 수 있고, 매우 길고 험난할 것이라 예상했던 목표가 의외로 가까울 수 있습니다. 어느 경우든 포기하면 하나도 얻을 수 없습니다.

너무나 많은 사람이 성공이 코앞에 다가왔다는 사실을 모르고 포기한다.
Many of life's failures are people who did not realize how close they were to success when they gave up.
- 토머스 에디슨(Thomas Edison, 발명가)

실패한 후에는 그전보다 훨씬 더 노력해야 한다

서울대학교에 지원했다가 총점에서 1점이 모자라 떨어진 학생은 다음 해 입시에서도 낙방하는 일이 흔합니다. 이유는 현재의 실력을 유지하면서 조금만 더 보강하면 합격할 수 있다고 판단하기 때문입니다. 하지만 서울대학교에 합격할 만한 실력자라도 고등학교 3학년 때보다 더 공부하지 않으면 재수를 해도 대부분 합격하지 못합니다.

목표에 도달하려면 200만큼의 에너지와 재능이 필요합니다. 그중 100은 목표의 99% 지점에 도달하는 데 쓰이고, 다른 100은 나머지 1%를 달리는 데 필요합니다.

실패는 다시 시작할 기회이지만 이번엔 전보다 더 머리를 써야 한다.
Failure is only the opportunity to begin again, this time more intelligently.
- 헨리 포드(Henry Ford, 공학기술자·기업인)

지금 중요한 것이 사실은 아무것도 아닐 수 있다

젊었을 땐 어떤 목표를 이루지 못하면, 뭔가를 손에 넣지 않으면 한평생 후회할 것이라는 생각이 듭니다. 또한 자신은 원하는 것을 반드시 성취할 운명이라고 착각해서 교만해지기도 합니다. 그러나 나이가 들어가면서 그런 것들이 그렇게 가치가 있었던 것이 아니라는 판단이 듭니다.

고물상을 했던 나의 아버지는 학력, 직업을 오로지 먹고사는 수단으로만 생각했습니다. 먹고살기 힘들면 의사, 판검사나 변호사, 국회의원, 교수같이 존경받는 직업을 가져도 소용없다는 식이었지요. 젊었을 적엔 아버지가 무식해서 그런가 보다 생각했습니다. 그런데 지금은 나의 사고가 아버지를 꽤 닮아 있습니다.

먹고사는 문제만 해결하면 사실 부러울 것이 없습니다. 이 문제를 충족한 뒤 그때부터 사랑이니 명예니 성취감 같은 것을 따지세요.

스스로에게 물어보라. 1년 후에도 이 문제가 중요할 것인가?
Ask yourself this question ; Will this matter a year from now?
- 리처드 칼슨(Richard Carlson, 작가·동기부여 연사)

독서는 중요하다

증권시장에서 개미투자자들은 대부분 손해를 봅니다. 이유는 그저 돈이 몰리는 쪽으로만 투자를 하기 때문이지요. 돈을 버는 고수들은 증권을 사기 전에 그 회사에 대한 정보를 확보한 뒤 사회 환경, 심지어 국제 상황까지 고려해서 그 종목의 미래를 예측합니다. 따라서 신문과 방송을 섭렵하고, 관련 서적도 열심히 읽을 수밖에 없습니다. 워런 버핏은 하루 5시간 정도를 5종류의 신문, 500여 쪽의 기업보고서를 읽는 데 할애합니다. 그 바쁜 빌 게이츠도 1년에 50여 권의 책을 읽습니다.

어떤 분야에서든 성공하려면 많은 독서와 경험를 통해 그 분야에 대한 식견를 갖추어야 합니다.

나는 내 사무실에 처박혀 하루 종일 읽기만 한다.
I just sit in my office and read all day.
- 워런 버핏(Warren Buffett, 기업인·투자가)

비범한 노력이 비범한 사람을 만든다

큰 기업을 일군 사람들을 보면 겉으론 남들만큼만 일하고 운이 좋아 그렇게 성공한 것 같지만 사실은 집중해서 장시간 일한 결과였습니다. 빌 게이츠는 고등학교 시절에도 가만있지 못하는 성격이었습니다. 누가 시키지도 않는데 학생들을 과목별로 배치하는 프로그램을 만들어 학교에 무상으로 제공해서 사용하게 했습니다. 실은 그 프로그램을 사용하면 자신이 예쁜 여학생들과 한 반이 되었기 때문입니다.

양우영 박사는 MIT에서 전자공학 박사를 받고 33세에 하버드 대학 정교수가 된 천재입니다. 그는 한 번 책상 앞에 앉으면 48시간 이상 잠을 자지 않고 몰두하곤 했다고 합니다.

비범한 성공을 거둔 사람은 '하루 8시간 일, 8시간 수면, 8시간 휴식'의 룰을 따르지 않습니다. 그들은 일에 가장 많은 시간을 할애합니다.

20대 때 나는 하루도 쉬지 않았다. 단 하루도.
I never took a day off in my twenties. Not one.
- 빌 게이츠(Bill Gates, 기업인)

일부러 극한 고통을 경험하는 이유

모로코에서는 6일 동안 240km의 사막길을 달리는 마라톤 경기가 열립니다. 낮에는 기온이 50도까지 올라가고 밤에는 매우 춥습니다. 이 지옥의 경기에 의사, 교수, 변호사, 증권전문가, 대기업 고위 임원 같은 전문가들이 대거 참가하지요. 무엇 하나 부러울 게 없는 사람들이 사서 고생을 하는 이유는 뭘까요?

사막에서의 극한 경험을 사회생활에 적용하고 싶기 때문입니다. 사회생활이 어렵다 한들 사막에서의 지옥 같은 경험에 비하면 새 발의 피일 테니까요. 그런 경험을 하고 나면 힘든 일이 있어도 다 헤쳐나갈 수 있다는 믿음이 생길 것입니다.

젊었을 때는 무엇보다 인내하는 습성이 몸에 배게 해야 합니다.

젊었을 때 중요한 것은 거의 돈을 들이지 않으면서 젊음의 에너지를 최대한 이용하는 법을 훈련하는 것이다.
What is important when you are young is to train yourself to get by with little money and make the most of your youthful energy.
- 로버트 그린(Robert Greene, 작가)

크게 될 인물은 어릴 적부터 실천한다

마이클 델은 2019년 현재 재산이 약 310억 달러로 세계에서 27번째로 부유한 사람입니다. 그는 열두 살에 식당에서 접시 닦기로 돈을 벌었고, 고등학교 시절엔 신문구독자 유치 아르바이트로 여름 방학에만 1만 8천 달러를 벌었습니다.

그는 텍사스대학에 다니면서 PC 업그레이드 용품을 팔아 1년 만에 20만 달러의 순수익을 올리기도 했습니다. 그 뒤 대학을 그만두고 열아홉의 나이에 은행에서 대출받은 돈으로 '델컴퓨터' 회사를 차렸습니다.

마이클 델은 생각이 나면 바로 행동하는 것으로 유명합니다. 그는 말합니다.

"혁신은 실험실에서 일어나지 않는다."

나는 1천 달러의 자본금으로 델을 시작했다. 지금은 수십억 달러의 수입을 올리는 대기업이다. 불가능은 아무것도 아니다.
I started Dell with $1000 dollars. Now it's a billion dollar company. Impossible is nothing.
- 마이클 델(Michael Dell, 기업인)

크게 될 인물은 다르게 생각하고 다르게 행동한다

폴 앨런은 빌 게이츠와 공동으로 마이크로소프트를 창립한 인물로 2018년 림프종으로 사망할 때까지 컴퓨터산업에 지대한 영향을 미쳤습니다. 그는 시애틀에 있는 사립 명문고 레이크사이드를 다니면서 자신보다 두 살 어린 빌 게이츠와 친분을 맺었고, 워싱턴 주립대학 컴퓨터실에서 함께 연구를 했습니다.

폴 앨런은 미국 대학입학수능고사(SAT)에서 만점을 받아서 하버드, MIT, 스탠퍼드 같은 대학에 얼마든지 갈 수 있었는데 엉뚱하게도 합격률이 80%나 되는 워싱턴 주립대학에 진학했습니다. 하지만 2년 만에 중퇴하고는 보스턴에 있는 하니웰에서 프로그래머로 일하다가 하버드대학에 다니던 빌 게이츠를 꼬드겨 중퇴하게 하고 마이크로소프트를 차렸습니다. 폴 앨런과 빌 게이츠는 자신들의 능력을 하루라도 빨리 발휘하고 싶었던 것이지요.

자신의 능력을 현실화하기 위해 학교를 그만둔다는 것은 쉽지 않은 결정입니다.

무엇이 있어야 하는가? 이는 내가 상상할 수 있는 가장 흥분되는 질문이다. 지금은 없지만 우리에게 필요한 것은 무엇인가? 우리의 잠재력을 어떻게 현실화할 것인가?

What should exist? To me, that's the most exciting question imaginable. What do we need that we don't have? How can we realise our potential?

- 폴 앨런(Paul Allen, 기업인·미국프로축구 구단주)

큰 꿈을 꾸면서 행동하는 자와 친해져라

인도 최고 부자 무케시 암바니는 젊었을 때 주유소 주유원으로 일하면서 동료 직원들에게 언젠가는 벤츠 자동차를 굴릴 것이라고 호언장담했다고 합니다. 동료들은 비웃었지만, 그는 현재 인도 최대 기업을 소유하고 있습니다.

오프라 윈프리는 TV 방송국에 취직했다가 해고당했습니다. TV 방송에는 적합하지 않다는 이유에서였지요. 하지만 그녀는 지금 미국에서 가장 영향력 있는 방송인이 되었습니다.

자신의 미래를 호언장담하면서 행동하는 사람과 친해지십시오. 그의 도움을 받게 될 수도 있으니까요. 반면 자신의 미래를 호언장담하면서 행동하지 않는 사람은 멀리하십시오. 그런 사람과 친해 봤자 당신의 귀중한 시간만 낭비할 뿐입니다.

안하무인격으로 꿈꾸어라. 실패하면서 앞으로 나아가는 용기를 가져라. 신속하게 행동하라.
Dream audaciously. Have the courage to fail forward. Act with urgency.
- 필 나이트(Phil Knight, 기업인)

걷는 자만이 앞으로 갈 수 있다

동전이 생길 때마다 깡통에 넣어두었다가 가끔 혹시나 하고 꺼내보면 의외로 제법 큰 돈인 경우가 있습니다. 가끔 떠오르는 아이디어를 수첩에 적어두었다가 그것을 잘 정리해서 한 권의 책으로 출간하기도 합니다.

내가 글을 쓰는 직업을 가졌기 때문에 해보는 생각이 있습니다. 서른 살부터 일흔 살까지 하루 200자 원고지 1매씩을 쓰면 원고지 1천 매 정도가 되는 책 15권을 출간할 수 있습니다. 2매씩 쓰면 30권, 5매씩 쓰면 75권을 출간할 수 있지요. 수백 권의 책을 내는 작가도 물론 있지만, 한평생 전업작가로 살다 가면서도 75권의 책을 내는 이는 그리 많지 않습니다. 작가라면 하루 원고지 5매 정도를 쓰는 것이 그리 어렵지 않아 보입니다. 하지만 작가들은 플롯 구상을 한다고 취재를 한다고 펑펑 놀다가 몰아치기로 쓸 때가 많습니다.

외국어를 잘하고 싶으면 하루에 한 문장씩 쓰고 암기하는 습관을 10년만 해보세요. 달리기를 잘하고 싶으면 근처 초등학교 운동장을 매일 뛰어보세요. 처음에는 1바퀴도 돌기 어렵지만 6개월만 지속하면 20바퀴를 뛸 수 있습니다.

성공은 매일 되풀이하는 작은 노력이 축적된 결과이다.
Success is the sum of small efforts, repeated day in and day out.
- 로버트 콜리어(Robert Collier, 작가)

나와 당신은 특수부대원이다

유튜브에는 세계 각국 특수부대원들의 훈련 영상이 많이 올라와 있습니다. 헬기에서 바다로 떨어지면 죽기 살기로 헤엄쳐 간신히 육지에 오릅니다. 하지만 교관은 숨이 넘어갈 정도로 헐떡거리는 군인들을 내버려두지 않습니다. 150kg이나 되는 통나무를 대여섯 명이 어깨 위로 올렸다 내리는 봉체조를 시킨 다음 산꼭대기까지 뛰게 합니다. 군인들은 교관에게 저주를 퍼부으면서도 명령에 복종합니다. 특수부대원 견장을 받기 위해서지요.

사실 그 훈련에서 낙오돼도 그리 큰 문제는 아닙니다. 평범한 군인으로 복무하면 되니까요. 하지만 사회에서 낙오되면 자신뿐만 아니라 가족과 친지들에게 부담을 주게 됩니다. 그로 인한 상처는 특수부대원 탈락의 상처와 비교할 수 없을 만큼 깊을 수도 있습니다.

문제는 인생살이가 특수부대 훈련보다 쉬워 보인다는 것이지요. 인생에서의 낙오가 훨씬 치명적인데 말입니다.

군사 훈련을 받는 것처럼 공부하고 일하면 성공하지 못할 사람이 없습니다.

인내는 아주 힘든 일을 마친 뒤 녹초가 된 상태에서도 또 다른 힘든 일을 하는 것
이다.
Perseverance is the hard work you do after you get tired of doing the hard
work you already did.
- 뉴트 깅리치(Newt Gingrich, 정치인)

목숨을 걸면 해낼 수 있다

교사 한 사람만의 힘으로 3류 고등학교를 명문고로 바꾸는 것은 불가능해 보입니다. 하지만 볼리비아 출신의 미국 이민자 하이머 에스카란테는 그 어려운 일을 해냈습니 다.

정규 고등학교 학력인정을 박탈당할 위기에 처한 캘리포니아의 가필드고등학교에 수학 선생으로 부임한 그는 동료 교사들의 질시와 학생들의 저항을 이겨냈습니다. 그는 학력 미달 학생들을 방과 후와 방학 중에 가르쳐서 우등생들을 대상으로 하는 수학 AP 시험에 응시하게 했습니다. 그리고 전원합격이라는 놀라운 결과로 미국 교육계를 깜짝 놀라게 했습니다.

남들은 다 안 된다고 하는 일에 목숨을 걸고 달려들면 하늘이 감복해 성공으로 이끌어주기도 합니다.

실패가 확실해 보이는 것일지라도 인내를 통해 성공하는 사람이 많다.
Through perseverance many people win success out of what seemed destined to be certain failure.
- 벤저민 디즈레일리(Benjamin Disraeli, 정치가·작가)

실패가 사실 성공일 수 있다

3M의 연구원 스펜서 실버 박사는 막대한 돈을 들여 아크릴 테이프를 개선하는 연구를 하다가 1968년 엉뚱하게도 붙었다 떼는 과정을 반복해도 접착력이 떨어지지 않는 물질을 만들었습니다. 모두들 실패작이라 생각했지요.

그런데 동료 아트 프라이는 달랐습니다. 그는 그 접착제를 입힌 종이를 성가대 악보의 원하는 페이지에 붙이면 악보를 손상시키지 않으면서도 그 페이지를 쉽게 찾을 수 있다는 데 착안해 새로운 제품을 만들었습니다. 그 유명한 포스트잇(Post-It)은 그렇게 해서 세상에 나왔습니다.

최선을 다해 연구했는데 원하는 결과가 안 나오더라도 실망할 필요는 없습니다. 그것이 어떤 용도로 쓰일지는 아무도 모릅니다.

성공은 다른 사람들이 포기한 뒤에도 붙들고 늘어지는 데서 결정이 난다.
Success seems to be largely a matter of hanging on after others have let go.
- 윌리엄 페더(William Feather, 출판인·작가)

집중력의 불가사의

영화 〈레인맨〉의 주인공은 서번트증후군 환자입니다. 자폐증의 일종인 서번트증후군은 자폐, 뇌손상 등으로 인해 정신질환이 있는 사람이 기억, 계산 등 특정 영역에서 매우 우수한 능력을 나타내는 증상입니다.

〈레인맨〉의 실제 주인공 킴 픽은 영화에서 그려진 것보다 훨씬 더 뛰어난 천재성을 발휘했습니다. 날짜를 대면 요일을 맞히고, 역대 야구선수들의 기록을 꿰뚫었을 뿐 아니라 바닥에 떨어진 성냥갑 속의 성냥 개수를 한눈에 알아냈고, 자신이 읽은 책 1만 2천 권을 거의 다 암기하고 있었지요. 그는 아무리 두꺼운 책이라도 한 시간이면 정독했습니다. 왼쪽 눈으로는 왼쪽 페이지, 오른쪽 눈으로는 오른쪽 페이지를 동시에 읽었으며 2페이지를 읽는 데 8초면 충분했습니다. 그것도 암기할 정도로 말입니다.

과학자들은 지금도 서번트증후군 환자가 초능력을 나타내는 원인을 캐고 있습니다. 일부에서는 한 부분에 관심을 가지면 다른 부분에 대한 관심이 완벽히 차단되어 고도의 집중력을 발휘하기 때문이라는 가설을 내놓고 있습니다.

정상인은 한곳에 100% 집중하는 능력을 발휘할 수 없지만, 집중도를 조금만 높여도 놀라운 성과를 거둘 수 있습니다.

내가 목적을 달성할 수 있었던 비밀을 말해주지. 집요함이 바로 나의 강점이었어.

Let me tell you the secret that has led to my goal. My strength lies solely in my tenacity.

- 루이 파스퇴르(Louis Pasteur, 생화학자)

시행착오는 반드시 거치게 마련이다

컴퓨터의 급속한 발전이 경이롭기는 하지만, 그렇다고 컴퓨터가 수십 년 만에 후다닥 발명된 것은 아닙니다. 170여 년 전 영국의 수학자 찰스 배비지가 프로그램으로 움직이는 기계식 컴퓨터를 고안한 것이 시초였습니다.

하늘을 나는 물체도 라이트 형제가 20세기 초에 처음 만든 것은 아닙니다. 프랑스는 1796년에 스파이용 풍선 앙트레피드를 하늘로 날렸고, 그 뒤로 수많은 발명가가 글라이더를 날렸습니다.

재봉틀도 아이작 메릿 싱어가 단번에 만들어낸 것이 아닙니다. 이전에도 일라이어스 하우 등 여러 발명가가 다소 불편하기는 했지만 재봉틀을 만들었습니다.

무엇이든 오랜 시간에 걸쳐 수많은 시행착오 끝에 만들어집니다.

나는 발전은 빠를 수가 없고 쉽지도 않다고 배웠다.
I was taught the way of progress is neither swift nor easy.
- 마리 퀴리(Marie Curie, 과학자)

가장 열심히 일하겠다는 의지

빈스 롬바르디 주니어의 아버지 빈스 롬바르디는 미식축구 역사상 가장 위대한 감독으로 꼽힙니다. 그는 승률 10%가 안 되는 그린베이 패커스를 맡아 9년 동안 6번이나 슈퍼볼(결승)에 진출시켰고, 5번이나 우승을 거두었습니다.

빈스 롬바르디가 한 유명한 말이 있습니다.

"네 이웃보다 더 열심히 훈련하지 마라. 이 세상의 그 누구보다 더 열심히 훈련하라."

성공한 사람과 그러지 못한 사람은 능력이나 지식의 부족이 아니라 의지의 결여 여부로 갈라진다.

The difference between a successful person and others is not a lack of strength, not a lack of knowledge, but rather a lack in will.

- 빈스 **롬바르디 주니어**(Vince Lombardi Jr, 작가)

모든 목표엔 난관이 숨어 있다

종일 누워만 있으면 넘어져서 다칠 일이 없습니다. 하지만 근육이 없어져 다시는 일어나지 못하게 되고, 신진대사가 잘되지 않아 당뇨병을 비롯한 갖가지 병에 걸립니다. 무릎 관절염은 대퇴골과 경골 사이의 연골이 닳아서 생기는 병입니다. 그 병에 걸렸다고 걷지 않으면 근육이 약해지고, 그로 인해 대퇴골과 경골이 더 마찰을 일으켜 고통이 심해집니다. 그래서 의사가 "아프더라도 걸어야 한다"고 하는 것입니다.

무슨 일을 시작하면 정도의 차이는 있을지언정 반드시 난관에 부딪힙니다. 난관에 부딪혔다고 그만두면 아무것도 이루어지지 않습니다.

계속 앞으로 나가라. 그러다 보면 전혀 예기치 않은 뭔가에 걸려 넘어질 수 있다. 가만히 앉아 있는데 뭔가에 걸려 넘어졌다는 말은 들어본 적이 없다.
Keep on going, and the chances are that you will stumble on something, perhaps when you are least expecting it. I never heard of anyone ever stumbling on something sitting down.
- 찰스 케터링(Charles F. Kettering, 엔지니어·과학자·발명가)

용기란 앞으로 나가게 하는 힘에 있는 것이 아니다. 용기는 힘이 없을 때도 앞으로 나가는 것을 뜻한다.

Courage is not having the strength to go on; it is going on when you don't have the strength.
- 시어도어 루스벨트(Theodore Roosevelt, 정치인)

작은 씨앗의 미래

러시아의 석유재벌 로만 아브라모비치는 두 살 때 고아가 되어 친척 아저씨의 집에서 자랐습니다. 그는 대학에 다닐 때 플라스틱 장난감 비즈니스에 뛰어들었다가 이후 석유 비즈니스에 진출해서 82억 달러의 재산가가 되었습니다. 영국 프로축구팀 첼시의 구단주이기도 합니다.

시리아계 프랑스인인 모헤드 알트라드는 아버지에게 성폭행 당한 어린 어머니에게서 태어났습니다. 어머니는 그가 두 살 때 세상을 떠났고, 그는 할머니의 손에서 자랐습니다. 그는 혼자 프랑스로 건너와 대학에 다녔는데, 하루에 한 끼밖에 먹을 수 없었습니다. 컴퓨터 사이언스로 박사학위를 받은 뒤 일류회사에 입사한 그는 나중에 건축 관련 회사를 사들여 큰 부자가 되었습니다.

땅에 떨어진 작은 씨앗 하나가 지상에서 가장 큰 나무인 높이 83.8 미터의 제너럴셔먼 나무로 성장했습니다. 모든 것이 작은 씨앗에서 시작됩니다.

세상에서 가장 큰 떡갈나무도 원래는 땅에 붙어 있는 작은 묘목이었다.
The greatest oak was once a little nut who held its ground.
- 미상

최악의 불황기에도 성공하는 사람이 있다

　메리 케이 애시는 불굴의 의지로 지독하게 일해서 큰 성공을 거둔 여성입니다. 대공황기인 1930년대 중반, 그녀는 아이가 셋이나 딸린 몸으로 어린이동화전집 판매원으로 나서서 이틀 만에 10질이나 팔았습니다. 그것이 계기가 되어 본격적으로 도서 영업사원으로 나섰고, 9개월 만에 2만 5천 달러어치를 팔아치웠습니다. 지금의 돈 가치로 따지면 무려 47만 5천 달러에 해당합니다.

　그녀는 이후 화장품 사업에 뛰어들어 세계 최대의 화장품 기업 '메리케이'를 설립했습니다.

아무리 어려운 때라도 성공하는 사람은 있습니다.

물줄기와 바위가 부딪히면 항상 물줄기가 힘이 아닌 인내로 이긴다.
In the confrontation between the stream and the rock, the stream always wins - not through strength but by perseverance.
- 해리엇 잭슨 브라운 주니어(Harriett Jackson Brown Jr, 작가)

문제와 난관이 산처럼 쌓여 있더라도

시곗바늘을 멈추게 할 순 없다.

The hugest pile of challenges and hardships will not hold back a
needle of the clock.

- 로이 난섭(Roy Ngansop, 저술가)

패배에 굴복하지 말라

빌 게이츠와 폴 앨런은 마이크로소프트를 창설하기 전 교통자료를 분석하는 '트래프-오-데이터' 회사를 설립했지만 성공하지 못했습니다.

미국의 유명한 코미디 배우 짐 캐리는 생활력이 없는 부모 대신 돈을 벌기 위해 열다섯 살에 학교를 중퇴하고 야간업소 무대에 섰습니다.

영국에서 4번째로 부자인 버진그룹 회장 리처드 브랜슨은 난독증 환자입니다.

모든 사람이 약점을 갖고 있고, 또 불운을 맞게 되어 있습니다. 그러함에도 성공하는 사람과 실패하는 사람으로 갈리는 것은 어떤 일을 계속했느냐, 중단했느냐의 차이입니다.

우리는 역사를 통해 가장 위대한 승리자도 성공하기까지 절망적인 난관에 봉착했다는 것을 알 수 있다. 그들이 승리할 수 있었던 것은 패배에 굴복하지 않았기 때문이다.

History has demonstrated that the most notable winners usually encountered heartbreaking obstacles before they triumphed. They won because they refused to become discouraged by their defeats.
- B. C. 포브스(B. C. Forbes, 출판인)

한 번에 한 가지 일에만 집중하라

성공은 지능으로만 이루어지는 것이 아닙니다. 지능은 좀 모자라도 집중력을 발휘하면 경이로운 결과를 산출합니다. 한 가지 문제를 놓고 끈질기게 생각하며 물고 늘어지면 원하는 결과를 얻을 수 있습니다.

석공은 집채만 한 바위를 자를 때 일정한 간격을 띄고 단 한 줄로만 쇠막대기를 박은 뒤, 차례대로 그 쇠막대기를 해머로 두드립니다. 그러면 어느 순간 바위가 쩍 갈라집니다.

경영학의 아버지라 불리는 피터 드러커가 이런 말을 했습니다.

"한 번에 2가지 이상의 일을 하는 고위경영자치고 오랫동안 그 자리에 남아 있는 사례를 보지 못했다."

성공적인 전사는 레이저 광선 같은 집중력을 가진 보통사람이다.
The successful warrior is the average man, with laser-like focus.
- 이소룡(Bruce Lee, 영화배우)

Part 2

인간답게 살고 싶다면 치열하게 돈을 벌어라

나의 성공 공식은 매일 일찍 일어나
늦게까지 일하며 돈줄을 찾는 것이다.
*My formula for success is rise early,
work late and strike oil.*

- 진 폴 게티(Jean Paul Getty, 사업가)

부자와 가난한 자의 선택 범위

돈이 없으면 쌀 걱정, 전기요금과 수도요금 걱정, 아이들 학비 걱정을 해야 합니다. 이때의 걱정은 심장을 검게 태웁니다.

돈이 너무 많으면 누가 돈을 훔쳐 가지 않을까, 오늘 저녁은 어느 호텔에서 식사할까, 누구에게 얼마를 기부할까, 이번 여름엔 피서를 호주로 갈까 아이슬란드로 갈까, 읽어야 할 책을 사야 하는데 시간이 없으니 비서를 시켜 사오게 해야 하나 내가 직접 사러 가야 하나… 따위로 고민 같지 않은 고민을 합니다.

가난으로 생긴 걱정과 고민은 나의 건강을 해치고 가족과 주변 사람들에게까지 어려움을 주지만, 부자의 걱정과 고민은 건강에 전혀 해를 주지 않을뿐더러 오히려 가족과 주변 사람들에게 도움을 주기도 합니다.

돈으로 행복을 살 수 없다지만, 어떤 종류의 불행에 빠져 살 것인지는 정할 수 있다.
While money can't buy happiness, it certainly lets you choose your own form of misery.
- 그루초 막스(Groucho Marx, 희극배우·영화배우)

"가난은 삶의 동기"라는 말은
청년에게만 어울린다

    가난한 가운데 이를 악물고 일하거나 공부해서 크게 성공하는 사람도 있습니다. 하지만 그것은 대부분 젊었을 때 가난했던 경우고, 나이 40이 넘으면 돈을 벌기 힘들어지고 60부터는 거의 그대로 산다고 보면 됩니다. 물론 파산 상태에서 66세의 나이로 KFC를 창립해 크게 성공한 할랜드 샌더스 같은 사람도 있습니다만.

    "가난은 삶의 동기"라는 말은 젊은이들이나 할 수 있는 표현입니다.

젊었을 때 열심히 벌어 40대에는 집을 장만하고 노후대책을 시작해야 정상입니다. 그러려면 할 일을 즉시 하는 습관을 들여야 합니다.

가난은 내 인생에서 가장 큰 동기 요인이었다.
Poverty was the greatest motivating factor in my life.
- 지미 딘(Jimmy Dean, 가수·영화배우·사업가)

가난은 위험할 수 있다

돈에 쪼들릴 때처럼 불안할 때가 없습니다. 정해진 기간까지 필요한 만큼의 돈을 마련하지 못했을 경우의 결과가 예상되어 명예나 체면을 고려하지 않고 지인에게 돈을 꾸달라고 매달리게 됩니다.

돈 때문에 극단적 상황에 빠진 사람들에게는 불안감이 지나치지 않도록 탈출구를 열어주어야 합니다. 그보다는 그런 상황에 빠지지 않게 평소에 근면해야 하고, 또 번 돈을 낭비하지 않아야 합니다.

가난에서는 죽음의 냄새가 난다.
There is something about poverty that smells like death.
- 조라 닐 허스턴(Zora Neale Hurston, 작가)

가난은 저주다

가난하면 생각이 많아집니다.

월세가 일주일이나 밀렸는데, 집주인에게 언제 준다고 할까?

전당포에 맡길 만한 물건도 없는데, 누구에게 부탁해야 돈을 빌려줄까? 그러다가 인간관계가 파탄나는 것은 아닐까?

전기요금을 세 달치나 못 내서 단전하겠다는 경고장이 왔는데, 점검원이 내일 오는 것은 아닐까? 한 달치만이라도 내면 전기는 안 끊길 텐데…….

태어난 지 두 달 된 딸아이의 우유와 기저귀가 다 떨어져간다. 마트 주인에게 외상을 달라고 해볼까? 인상이 차갑던데 과연 줄까?

생각이 많아진다고 해서 지혜로워지는 것은 아닙니다. 이런 상황이라면 거의 지옥이지요. 내일 새벽에는 벌떡 일어나 인력사무소라도 찾아가보세요. 몇 만 원이라도 벌어야지요.

가난은 당신을 지혜롭게 만들지만 그것은 저주다.
Poverty makes you wise but it's a curse.
- 베르톨트 브레히트(Bertolt Brecht, 극작가)

가난한 국민도 실천하는 지도자를
만나면 부자가 될 수 있다

"가난 구제는 나라도 못 한다"는 속담이 있습니다. 하지만 지도자가 연구만 하지 않고, 말만 하지 않고 행동을 개시하면 사정이 달라집니다.

세계에서 가장 행복하고 잘사는 나라로 알려진 덴마크는 19세기까지만 해도 유럽에서 가장 못사는 나라 중 하나였습니다. 프로이센과의 전쟁에서 패해 곡창지대를 넘겨주고 농사짓기 어려운 척박한 땅만 남은 상태에서 막대한 배상금까지 물어주어야 하는 형편이었지요.

이때 신학자 니콜라이 그룬트비가 나타나 국민성개조운동과 농촌부흥운동을 전개했습니다. 그로 인해 덴마크는 지금과 같이 부유한 낙농국가의 기초를 세웠습니다.

확실하게 돈 벌 방법이 있더라도 행동하지 않으면 아무 소용이 없습니다.

빈곤에 대한 연구에 쓰이는 돈의 절반만이라도 가난한 사람들에게 주어라.
It would be nice if the poor were to get even half of the money that is spent in studying them.
- 윌리엄 E. 본(William E. Vaughn, 칼럼니스트)

가난은 너무 고통스럽다

　사회에서 가난하면 몸은 자유롭지만 교도소에 갇힌 것보다 더 배고프고, 채권자들에게 시달려 정신적으로 더 고통스러울 수 있습니다. 그래서 차라리 교도소에 가겠다며 범죄를 저지르는 사람까지 있습니다.

자녀에게 돈을 벌고 지키는 방법을 가르치는 것처럼 중요한 교육이 없습니다.

가난은 당신이 저지르지 않은 범죄로 고통을 받는 것과 다름없다.
Poverty is like punishment for a crime you didn't commit.
- 엘리 카마로프(Eli Khamarov, 작가)

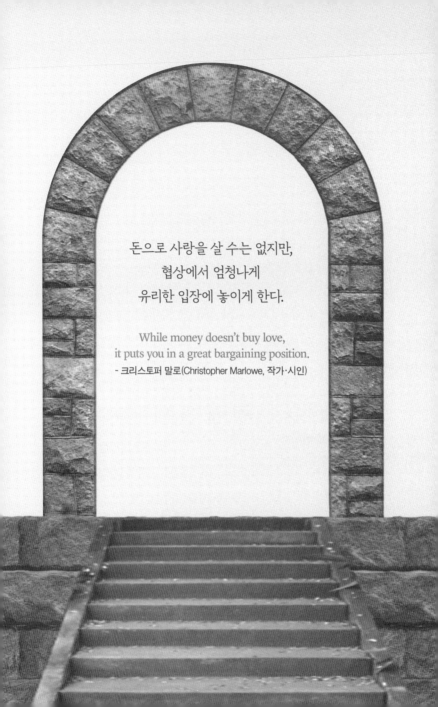

돈으로 사랑을 살 수는 없지만,
협상에서 엄청나게
유리한 입장에 놓이게 한다.

While money doesn't buy love,
it puts you in a great bargaining position.
- 크리스토퍼 말로(Christopher Marlowe, 작가·시인)

가난은 범죄의 이웃

프랑스혁명은 수많은 전쟁으로 인한 재정적자와 20여 년이나 지속된 가뭄 등으로 국민이 피폐해지면서 '있는 자'와 '없는 자'의 격차가 크게 확대되었기 때문에 일어났습니다. 그렇다고 혁명 후에 가난과 불평등이 아주 사라진 것은 아닙니다.

빅토르 위고의 장편소설 《레미제라블》의 주인공 장발장은 빵 한 조각을 훔친 죄로 5년형을 선고받고 복역하던 중, 탈출을 시도하다가 체포돼 19년이나 감옥에 갇혀 지내야 했습니다.

인간이나 동물이나 배가 고프면 먹을 것을 찾기 위해 수단과 방법을 가리지 않게 됩니다.

가난은 혁명과 범죄를 낳는 부모이다.
Poverty is the parent of revolution and crime.
- 아리스토텔레스(Aristoteles, 고대 철학자)

가난으로 인한 손해

가난하면 못 볼 것을 보게 됩니다.

길거리에서 마주친 친구가 나를 외면하면 심한 굴욕감에 며칠이나 잠이 오지 않을 것입니다.

지인과 커피숍에서 만나기로 했는데, 먼저 약속장소에 도착하고도 혹시나 지인이 안 오는 게 아닐까, 약속장소가 틀리지는 않았을까 싶어 선뜻 안으로 들어가지 못하고 밖에서 기다립니다.

동창회비가 부담스러워서 아예 동창들과 연락을 하지 않습니다.

가난으로 인한 손해가 얼마나 큰지 아시겠지요?

가난을 경험한 사람은 가난이 얼마나 엄청나게 비싼지 안다.
Anyone who has ever struggled with poverty knows how extremely expensive it is to be poor.
- 제임스 볼드윈(James Baldwin, 작가)

가난하면 비굴해지기 쉽다

가난하면 불편하기도 하지만 비굴해질 위험이 있습니다. 20세기 최고의 천재 가운데 한 사람인 니콜라 테슬라라고 해서 다를 바 없었지요. 그는 무선통신을 연구한다며 증권가의 거물 피어폰트 모건에게 투자를 받아 다른 용도로 써버렸습니다. 그러고는 강력한 트랜스미터를 개발하기 위해 모건에게 재차 투자를 요청했다가 거절당했습니다.

테슬라가 5년 동안 50번이나 편지를 보냈지만 모건은 이를 무시했습니다. 피어폰트 모건이 사망한 뒤에는 그의 아들 잭 모건에게도 투자를 요청했습니다. 테슬라는 호텔에서 숙박비가 많이 밀린 상태로 살다가 사망했습니다.

가난하면 비굴해질 우려가 있습니다. 당신의 가족이 급히 병원에 입원해야 하는 상황이라면 체면이고 뭐고 다 던져버린 채 돈을 가진 사람에게 꿔달라고 사정하게 되지 않을까요? 그래서 돈을 벌어야 하는 것입니다.

가난은 불명예는 아니지만 지독하게 불편하다.
Poverty is not a disgrace, but it's terribly inconvenient.
- 밀튼 버얼(Milton Berle, 영화배우)

내가 세상에서 가장 사랑하는 것은 돈이다

진정으로 사랑하면 상대방이 무일푼이라도 개의치 않는 사람이 있습니다. 하지만 그 사랑이 얼마나 지속될지 의문입니다. 일반적으로, 남자가 빈둥거리거나 수입이 변변치 않으면 사랑이 오래가지 않더군요.

돈을 많이 버는 여자가 돈 못 버는 남자를 사랑할 수는 있지만, 결혼으로 이어지는 경우는 드뭅니다. 설사 결혼을 해도 오래가지 못합니다.

현실에서는 돈이 있어야 사랑도 따라옵니다.

세상에서 가장 중요한 것은 돈이 아니라 사랑이다. 다행스럽게도 나는 돈을 사랑한다.
Money is not the most important thing in the world. Love is. Fortunately, I love money.
- 재키 매슨(Jackie Mason, 영화배우)

저축은 근면의 대명사

저축하면 일하게 되어 있습니다.

저축을 하기 위해서라도 일하지 않을 수 없습니다.

저축하는 것이 재미있으니 일하는 것도 재미있습니다.

돈이 손에 들어오는 족족 빠져나가기도 합니다. 빚을 졌을 때 그렇지요. 그런 경우를 제외하고는 일을 열심히 하면 대부분 저축액이 늘어납니다.

저축한다는 것은 일을 한다는 것이고, 일을 한다는 것은 성공할 수 있다는 뜻입니다.

저축하면 성공한다.
If you're saving, you're succeeding.
- 스티브 버크홀더(Steve Burkholder, 정치인)

중세시대의 부자들은 극심한 사치에 부주의하게 돈을 낭비했지만, 가난한 사람들은 한 푼이라도 아끼는 검약생활을 했다.
지금은 정반대다. 부자는 재산을 관리하고 투자하는 데 신경을 곤두세우지만, 가난한 사람들은 꼭 필요하지도 않은 자동차와 TV를 사느라 빚을 진다.

In the Middle Ages, the rich spent their money carelessly on extravagant luxuries, whereas peasants lived frugally minding every penny. Today, the tables have turned. The rich take great care managing their assets and investments while the less well go into debt buying cars and televisions they don't really need.
- 유발 노아 하라리(Yuval Noah Harari, 역사학자·작가)

시간은 돈보다 훨씬 중요하다

시간이 있으면 그 시간을 이용해 돈을 벌 수 있습니다. 하지만 이용할 시간이 없으면 돈을 벌 수 없습니다. 돈으로 원하는 것을 거의 다 살 수 있지만, 시간만은 그 무엇으로도 살 수 없습니다.

세계적인 재벌에게 주어진 시간은 하루 24시간이고, 거지에게 주어진 시간도 하루 24시간입니다. 이렇게 귀중한 시간이 모든 사람에게 공평하게 주어집니다. 그 시간을 어떻게 사용하느냐에 따라 성공한 삶과 실패한 삶으로 나뉩니다.

모두에게 똑같은 분량으로 주어지는 시간이 사실은 가장 중요합니다.

돈을 낭비하면 파산할 뿐이지만, 시간을 낭비하면 인생의 한 부분을 버리는 것이다.

Waste your money and you're only out of money, but waste your time and you've lost a part of your life.

\- 마이클 르뵈프(Michael LeBoeuf, 교육자·작가)

돈을 빌리면 자유를 저당 잡히는 것

내가 사는 지역에는 작은 가게들이 많습니다. 거리를 걷다 보면 어깨에 전대용 가방을 두른 채 손에는 수첩을 들고 종종걸음으로 다니는 사람들이 보입니다. 매일 수금하는 일수 사채업자들이지요.

장사꾼들은 대개 은행에 부채가 있습니다. 급히 거래처 등에 지급할 돈이 필요한데 은행에서는 추가 대출이 안 된다고 하니, 연이율이 100%나 되는 일수를 쓰게 되는 것이지요. 일수를 쓰는 사람은 일단 매출이 발생하면 그날 갚을 돈부터 챙겨놓습니다. 일수꾼이 올 시간이 다가오는데 매출이 없으면 매우 불안해하지요. 돈을 모아 무엇을 하겠다는 희망은 끼어들 틈이 없습니다.

돈을 빌리면 항상 그 돈을 갚아야 한다는 압박감 때문에 자신이 하고 싶은 것을 하지 못하게 됩니다.

돈을 빌리면 빌릴수록 자신의 미래를 강탈당한다.
Every time you borrow money, you're robbing your future self.
- 나단 모리스(Nathan Morris, 작가)

돈을 내라는 청구서에 대한 스트레스가 심하면 심할수록 그만큼 더 자신의 목표에 집중하기 어려워진다. 평소에 돈을 적게 쓰면 쓸수록 그만큼 더 선택 범위가 넓어진다.

The more you stress over bills, the more difficult it is to focus on your goals. The cheaper you can live, the greater your options.

- 마크 큐번(Mark Cuban, 기업인·NBA구단주)

절약의 미덕

    절약하는 사람은 대개 열심히 일합니다. 돈을 벌면 허투루 쓰지 않고 저축합니다. 따라서 남의 주머니에서 돈을 빼앗기 위해 감언 이설을 할 필요가 없습니다.

    주머니에 땡전 한 닢 없는 상태에서 아이가 급성맹장염에 걸려 당장 수술을 받아야 하는데 돈을 빌릴 데가 없다면 범죄 충동이 들지 말라는 법이 없습니다.

    저축이 일상화된 사람은 믿을 만합니다. 그런 사람은 어디를 가든 환영을 받습니다.

저축은 성실, 정직, 근면의 대명사입니다.

절약에는 다른 모든 미덕들이 포함되어 있다.
Frugality includes all the other virtues.
- 키케로(Cicero, 고대 로마의 정치가·철학자)

당당한 지출명세서

유튜브에는 노숙자들에게 왜 노숙을 하게 되었는지를 묻는 동영상이 많습니다. 여러 가지 이유를 대는데, 십중팔구는 끄트머리에 경마, 도박 이야기가 나오더군요.

"장사가 잘되어 직원도 열 명이나 되었는데, 그놈의 IMF 사태가 오는 바람에… 잘 아는 친구하고 재미삼아 화투 좀 친 것도 원인이랄 수 있고……."

IMF 사태로 갑자기 장사가 안 되었다면 직원수를 줄이는 등 축소경영을 하면 되지요. 인터뷰를 한 사람들이 노숙자가 된 가장 큰 원인은 도박과 낭비였습니다. 나의 지인은 술과 여자 때문에 망했습니다. 거래처 사람들을 접대한답시고 고급 술집만 드나들더니 지금은 오갈 데 없는 신세가 되었습니다.

언제라도 자신의 지출명세서를 당당하게 제출할 수 있는 사람이 성공 가능성이 큰 사람입니다.

당신의 가치관을 나에게 말하지 말고 당신의 지출명세를 보여주라. 그러면 당신의 가치관이 드러난다.
Don't tell me what you value, show me your budget, and I'll tell you what you value.
- 조 바이든(Joe Biden, 정치인)

참 잘 산 인생

도널드 오스머 박사는 뉴욕의 브루클린폴리텍대학 화학공업과에서 60여 년간 가르치다가 1995년 91세로 세상을 떠나면서 무려 7억 5천만 달러에 달하는 전 재산을 자신이 근무했던 대학과 병원 등에 기증했습니다. 그런데 그때까지 아무도 그가 그렇게 부자인 줄을 몰랐습니다. 평범한 중산층 주택인 타운하우스에 살면서 차도 없이 지하철을 타고 다녔으니까요

오스머 박사는 평생 150여 건의 특허를 따냈는데, 특허 관련 수입이 발생할 때마다 고향(네브래스카주) 사람인 워런 버핏이 운영하는 투자 프로토콜에 투자를 했습니다. 그러고는 수십 년간 버려두다시피 했더니 그렇게 재산이 불어 있었답니다.

내가 현실에 충실하면 나의 후손이 그만큼 혜택을 받게 됩니다.

말하기 전에 남의 말을 들어라. 글을 쓰기 전에 생각하라. 소비하기 전에 돈을 벌라. 투자하기 전에 조사하라. 비판하기 전에 기다리라. 기도하기 전에 용서하라. 중단하기 전에 노력하라. 은퇴하기 전에 저축하라. 죽기 전에 주라.
Before you speak, listen. Before you write, think. Before you spend, earn. Before you invest, investigate. Before you criticize, wait. Before you pray, forgive. Before you quit, try. Before you retire, save. Before you die, give.
- 윌리엄 아서 워드(William Arthur Ward, 작가)

투자는 페인트가 마르기를 지켜보거나 풀이 자라기를 쳐다보는 것 같은 자세로 임해야 한다. 흥분을 느끼고 싶다면 800달러를 들고 라스베이거스 도박장으로 가라.

Investing should be more like watching paint dry or watching grass grow. If you want excitement, take $800 and go to Las Vegas.

- 폴 새뮤얼슨(Paul Samuelson, 경제학자·교육자)

용기는 안락지대를 벗어나는 것

마크 저커버그가 페이스북을 막 개발했을 때였습니다. 재정적으로 매우 쪼들리고 있었는데, 그때 야후에서 1천만 달러에 페이스북을 사겠다고 제안해왔습니다. 보통사람이라면 얼씨구나 하고 팔았을 테지만, 마크 저커버그는 그 제안을 거절하고 페이스북을 지키기로 했습니다. 이 선택으로 그는 2019년 현재 약 810억 달러를 소유한 거부가 되었습니다.

성공은 안락지대를 벗어난 곳에 있습니다.

운은 과감한 자의 편이다.
Fortune sides with him who dares.
- 베르길리우스(Vergilius, 고대 시인)

돈을 벌고 싶으면 인내하라

수년 전 TV에서 감동적인 장면을 보았습니다. 나이가 80세쯤 되는 어머니와 50대로 보이는 딸이 종로5가 광장시장에서 40여 년간 포장마차를 해왔는데, 어머니는 장사 때문에 단 한 번도 광화문에 가본 적이 없다고 했습니다. 종로5가에서 지하철을 타면 2정거장 만에 도착할 수 있는 거리인데 말입니다.

장사에 대한 그 어머니의 인내와 집중력은 타의 추종을 불허할 정도였습니다. 아마도 가족을 잘 부양해야 한다는 사명감이 그 어머니를 그렇게 강하게 만들었는지도 모릅니다.

쉽게 번 돈은 금방 사라집니다. 어렵게 번 돈이 진짜 내 돈입니다.

돈은 인내의 나무에서 자란다.
Money grows on the tree of persistence.
- 일본 속담

가난해도 행복하다는 말은 거짓

세계에서 가장 가난한 나라 축에 들지만, 행복지수가 높은 어떤 나라에 가본 적이 있었습니다. 공항에 도착하는 순간부터 그 나라를 떠나올 때까지 돈 달라며 쫓아오는 사람들 때문에 어찌나 마음이 불안하던지요. 한번은 자신을 대학교수라고 하는 중년 신사가 구경을 시켜준다고 해서 따라갔다가 주머니에 있던 돈 30달러를 빼앗겼습니다. 과연 그 나라의 국민이 행복할까요?

세상은 돈을 중심으로 움직입니다. 돈 없이 할 수 있는 것은 거의 없습니다.

영적인 속물주의는 사람들에게 돈 없이도 행복할 수 있다는 생각을 심어준다.
It's a kind of spiritual snobbery that makes people think they can be happy without money.
- 알베르 카뮈(Albert Camus, 소설가)

주머니에 단돈 몇 푼이라도 들어 있어야
더 영적인 삶을 살 수 있다.

It's easier to feel a little more spiritual with
a couple of bucks in your pocket.

- 크레이그 퍼거슨(Craig Ferguson, 영화배우)

늙으면 돈 벌기가 아주 어렵다

나이가 들수록 돈이 필요합니다. 몸을 마음대로 움직일 수 없어 돈 벌 방법이 사라지기 때문이지요. 출판계에서도 예순이 넘은 사람들에게는 일을 맡기지 않으려 합니다. 눈에 불을 켜고 일감을 찾는 젊은이들도 많은데, 몸과 정신이 경직되고 약해진 노인을 택할 이유가 없지요.

매일 손수레를 끌고 폐지를 주우러 다니는 노인들과 마주칩니다. 하루에 몇 번씩이나 거리를 배회하면서 폐지를 산더미처럼 쌓아올려 고물상에 가져다주면 기껏해야 하루 1만 원 벌이입니다.

지하철 동대문역과 종로3가역은 항상 노인들로 북적거립니다. 그 가운데는 지하철 택배를 하는 분들도 많습니다. 하루 10시간 이상 지하철역에서 버티며 이제나저제나 거래처에서 연락이 오기만을 기다립니다. 그렇게 해서 버는 돈이 하루 1만 원 남짓입니다.

돈은 젊었을 때 벌어서 노후를 위해 철저히 저금해야 합니다. 늙으면 돈을 벌 기회가 줄어듭니다.

돈이 없어도 젊을 수 있지만, 돈 없이는 늙을 수 없다.
You can be young without money, but you can't be old without it.
- 테네시 윌리엄스(Tennessee Williams, 극작가)

돈을 빌리면 세상이 지옥이다

자동차할부금, 카드대금, 전화요금 등을 연체하면 줄기차게 독촉 전화와 문자가 쇄도합니다. 아무리 강심장이라도 배겨낼 도리가 없습니다. 한때 악명을 떨쳤던 조폭 두목도 카드빚 독촉 전화에 쩔쩔매는 걸 본 적이 있습니다.

스스로 돈을 창출하지 않고 외부에서 빌리는 행위가 지속되면 머지 않아 세상이 지옥이라는 것을 실감하게 됩니다.

아무도 당신의 삶에 신경 쓰지 않는다는 생각이 든다면, 자동차할부금을 2개월 동안 내지 말아보라.
If you think nobody cares if you're alive, try missing a couple of car payments.
- 얼 윌슨(Earl Wilson, 언론인)

돈이 많으면 할 수 있는 것도 많다

평생을 오두막집에서 청빈하게 살았던 헨리 데이비드 소로가 부유함을 찬양했다니 믿어지지 않습니다. 부자는 돈의 위력을 실감하기에 돈을 좋아하고, 가난한 사람은 가난의 고통에서 벗어나기 위해 돈을 좋아합니다.

법은 만인에게 공정하다는 말이 있지만, 세계 어디서나 부자는 죄를 저질러도 비교적 관대한 처벌을 받는 경향이 있습니다. 교도소에 들어가면 특별대우를 받기도 하고요. 돈이 있어야 중병에 걸려도 비싼 약을 구입해서 치료를 받을 수 있고, 바이올리니스트가 되고 싶어 하는 딸을 줄리아드에 유학 보낼 수 있고, 한 대에 10억 원이 넘는 고급 자동차도 몰고 다닐 수 있습니다.

돈은 활동 영역을 넓혀줍니다. 돈이 없으면 일정한 범위 안에서만 맴돌 뿐입니다.

부유함은 인생을 완벽하게 경험케 하는 능력이다.
Wealth is the ability to fully experience life.
- 헨리 데이비드 소로(Henry David Thoreau, 철학자)

돈은 미래에 우리가 원하는 것을 가질 수 있다는 것을 보장해
준다.
지금 당장 필요한 것이 없다 해도 새로운 욕구가 떠오르면 돈
은 얼마든지 그 욕구를 충족시켜준다.

Money is a guarantee that we may have what we want in the
future.
Though we need nothing at the moment it insures the possibility
of satisfying a new desire when it arises.

- 아리스토텔레스(Aristotle, 고대 그리스 철학자)

일단 먹고사는 문제부터 해결하라

돈을 잘 버는 직업이 있고 잘 못 버는 직업이 있습니다. 의사나 변호사는 돈을 잘 버는 직업이고, 작가나 예술가는 일반적으로 돈을 못 버는 직업입니다.

따라서 글을 쓰거나 그림을 그리고 싶다고 해서 그쪽으로만 올인하는 것은 위험합니다. 글이나 그림으로만 먹고살 수 있는 사람은 대충 짐작으로 100명 중 1명도 안 될 것입니다. 그래서 하는 말인데, 일단 수입이 안정적인 직업을 택하기를 바랍니다. 그러고 나서 시간이 날 때마다 글을 쓰거나 그림을 그리십시오. 그러다가 유명 작가가 되면 그때 글이나 그림에 모든 에너지를 쏟아부어도 됩니다.

경제적 안정이 뒷받침되지 않고는 자신의 능력을 최대한으로 발휘하기 어렵습니다.

당신이 사랑하는 것을 통해서만 참다운 성취를 이룰 수 있다. 돈이 목적이 되어선 안 된다. 당신이 좋아하는 것을 추구해야 하는데, 하더라도 사람들이 당신에게서 시선을 떼지 못할 만큼 잘하라.
You can only become truly accomplished at something you love. Don't make money your goal. Instead, pursue the things you love doing, and then do them so well that people can't take their eyes off you.
- 마야 안젤루(Maya Angelou, 시인·영화배우)

가난하면 일자리부터 찾아라

무일푼 상태라고 해서 시간을 유용하게 쓰지 못하는 것은 아닙니다. 종로에는 노숙자들이 많은데, 그중 한 젊은이가 눈에 띕니다. 그는 하루 종일 책을 읽습니다. 글을 쓰기도 합니다. 독서를 하고 글을 쓰는 것은 좋지만, 나는 그가 답답합니다. 그에게 당장 필요한 것은 돈을 버는 일입니다. 책을 읽는다고 해서 돈이 생기지는 않습니다. 인력사무소에 가면 하루 10만 원 이상 노임을 받는 일자리를 소개받을 수 있습니다. 구청 일자리센터를 통해 한 달에 100만 원 이상 월급을 받는 곳에 취직할 수도 있습니다.

돈 없는 사람이 시간을 잘 보내는 방법은 일자리를 알아보는 것입니다.

쓸 돈이 없다고 해서 매일의 순간을 잘 보내지 못한다는 의미는 아니다.
Not having money to spend doesn't mean we can't have well-spent moments every day.
- 사라 밴 브레스낙(Sarah Ban Breathnach, 작가·전 기자)

돈부터 벌자

수십억을 가지고 있다가 그 돈으로 타락해서 패가망신하는 사람들이 있습니다. 물론 돈이 많다고 해서 반드시 타락하는 것도 패가망신하는 것도 아닙니다. 재산을 잘 지켜서 자신이 하고 싶은 일을 하고 자녀들을 잘 양육하는 사람도 많습니다.

돈이 하나도 없는 상태에서 중병이라도 걸리면 그냥 죽는 겁니다. 사고를 쳐서 벌금형을 받았는데 돈이 없으면 강제노역을 해야 합니다.

돈에 오염이 되는 것은 나중 문제고 일단은 돈을 벌어두어야 합니다.

돈을 수중에 쥐면 그 돈에 오염되지만, 돈이 없으면 굶어 죽는다.
Money poisons you when you've got it, and starves you when you haven't.
- 데이비드 허버트 로렌스(David Herbert Lawrence, 소설가)

돈으로 남에게 인정을 받으려 하지 마라

　인터넷이 보급되기 전에는 비싼 돈을 들여 수십 권짜리 백과사전을 사들이는 가정이 많았습니다. 처음엔 들여다보는 척하지만 그냥 장식용으로 방치하는 것이 대부분이었지요. 지금은 백과사전을 집에 비치해두는 가정이 거의 없습니다.

　강남의 고급 아파트에서는 쓸 만한 냉장고들이 심심찮게 버려집니다. 특히 삼성이나 LG에서 신형 냉장고를 선보일 때 두드러집니다. 한 집에서 신상품을 사면 줄줄이 다른 집도 사들이기 때문이지요.

　한때 조기유학 붐이 일었습니다. 나의 친척도 아들을 캐나다로 조기유학을 보냈다가 수억 원을 날리고 3년 만에 국내 학교로 복학시켰습니다. 그런데 그동안 학력이 급격히 떨어져 결국 원하던 대학교에 진학시키지 못했습니다.

남들에게 인정받기 위해 돈을 쓰지 마세요. 당신이 거지가 되면 남들은 당신을 도와주지 않습니다.

당신이 좋아하지 않는 사람들의 관심을 받기 위해 필요하지 않은 것을 사들이는 짓은 하지 말라.
Stop buying things you don't need, to impress people you don't even like.
- 수즈 오먼(Suze Orman, 작가·재무설계사)

돈이 친구를 만든다

돈은 사람을 끌어모으는 힘이 있습니다. 돈이 많은 기업에는 서로 취직을 하려 하고, 돈이 없는 기업에서는 일하고 싶어 하지 않습니다. 돈이 많은 집에는 사람들이 뻔질나게 드나들지만, 가난한 집에는 빚쟁이 외에는 찾아오는 사람이 없습니다.

사람이 돈을 만들고, 돈은 사람의 위상을 결정합니다.

나에게 돈이 있었을 때는 모든 사람이 나를 '형제'라 불렀다.
When I had money everyone called me brother.
- 폴란드 속담

헤픈 부자보다는 짠돌이 부자

돈이 많으면 사기꾼들의 표적이 되기 쉽습니다.

한 대입학원 강사는 아버지가 세상을 떠나신 뒤 큰 빌딩을 물려받았습니다. 그는 매달 들어오는 임대료로 풍족하게 살게 되었지요. 그래서 학원 강사를 그만두고 기원에서 바둑을 두며 세월을 보내던 중 그곳에서 알게 된 사람의 권유로 투자를 했다가 전 재산을 날렸습니다. 알고 보니 사기꾼들이 그의 재산을 노리고 수년에 걸쳐 작전을 펼친 것이었습니다.

한 영화배우는 수백억대의 재산가인데도 인색하다는 소리를 들어왔습니다. 하지만 그는 최근 자신의 재산을 거의 다 사회에 기증했습니다.

너그러운 부자라는 칭찬을 듣기보다는 바늘로 찔러도 피 한 방울 안 나올 것처럼 인색한 부자라는 소리를 듣는 것이 낫습니다. 그래야 사기꾼이 감히 달려들어 돈을 빼앗을 궁리를 하지 않습니다.

돈은 돈을 관리하지 않는 사람의 손에서 관리하는 사람의 손으로 넘어간다.
Money moves from those who do not manage it to those who do.
- 데이브 램지(Dave Ramsey, 방송인·작가·기업인)

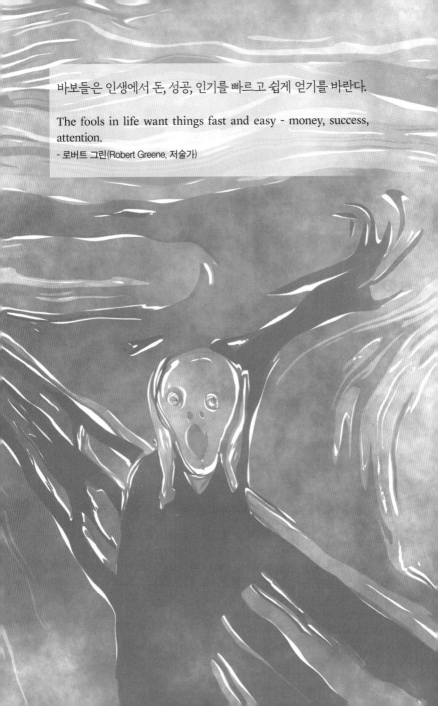

바보들은 인생에서 돈, 성공, 인기를 빠르고 쉽게 얻기를 바란다.

The fools in life want things fast and easy - money, success,
attention.

- 로버트 그린(Robert Greene, 저술가)

하고 싶은 일을 하기 전에 돈부터 벌라

돈이 넉넉하다면 몸이 아플 때 구태여 인력시장에 나갈 필요가 없습니다. 반면 당장 저녁거리도 없다면 몸이 불편하더라도 일자리를 찾아 나서야 합니다.

경제적으로 여유가 있는 작가는 남의 글을 대필하고 싶어 하지 않지만, 돈에 쪼들리는 작가는 닥치는 대로 글을 씁니다.

돈이 많으면 내키지 않는 일을 하지 않아도 됩니다. 반대의 경우에는 내키지 않는 일뿐만 아니라 위험한 일도 해야 합니다.

돈의 궁극적 목적은 당신이 원하지 않는 뭔가를 하기 위해 특정 시간에 특정 장소에 가 있을 필요가 없는 것이다.
The ultimate purpose of money is so that you do not have to be in a specific place at a specific time doing anything you don't want to do.
- 나발 라비칸트(Naval Ravikant, 작가·투자가)

부자가 되고 싶다면 부자가 될 사람과 어울려라

구글에 초창기에 입사한 사람들은 스톡옵션을 제안받아 거의 다 백만장자가 되었습니다. 구글의 주가가 2,300배 정도나 뛰어올랐기 때문이지요. 그래서 구글의 말단 청소부도 수억대의 재산가입니다.

스티브 잡스와 함께 애플을 창립했던 스티브 워즈니악의 재산은 약 1억 달러에 달합니다. 1998년에 입사해 2011년 스티브 잡스의 뒤를 이어 CEO에 취임한 팀 쿡은 약 13억 달러의 재산가입니다.

하지만 거부를 돕는다고 해서 모두 부자가 되는 것은 아닙니다. 거부가 되기 전부터, 즉 미래가 불투명할 때부터 그를 도우면서 행동을 같이한 사람만 수혜자가 될 수 있습니다.

위험과 난관을 같이 극복한 사람들만 열매를 나눌 수 있습니다.

거부가 되는 가장 좋은 방법은 거부를 돕는 것이다.
The best way to become a billionaire is to help a billion people.
- 피터 디아만디스(Peter Diamandis, 기업인)

노력하면 누구라도 작은 부자는 될 수 있다

"큰 부자는 하늘이 내고, 평범한 부자는 노력의 결과"라는 말이 있습니다. 사실 노력만으로는 세계적인 거부가 되지 못합니다. 기가 막힌 행운이 따라줘야 하지요.

2020년 현재 세계에서 가장 부자는 온라인 유통업체인 아마존의 CEO 제프 베조스입니다. 그의 개인 재산은 1,500억 달러에 달합니다. 그는 부모에게서 30만 달러를 빌려 아마존을 설립하면서 사업의 성공 가능성이 30%밖에 되지 않는다고 예측했습니다. 자신의 사업이 이렇게 잘될지를 상상하지 못했던 것이지요.

누구나 제프 베조스처럼 세계적인 거부가 될 수는 없습니다. 하지만 노력하면 작은 부자는 될 수 있습니다. 세계적인 거부나 동네의 작은 부자나 돈 걱정을 할 필요가 없다는 공통점이 있습니다.

나는 돈 버는 재능이 하나님이 주신 선물이라 생각한다.
I believe the power to make money is a gift of God.
- 존 록펠러(John Rockefeller, 기업인)

나의 목적은 고객을 만족시키는 것

아무리 잘난 기업이라도 물건이 안 팔리면 망합니다. 그렇게 되면 그 기업의 모든 직원이 월급을 받지 못하게 돼 자진해서 그만두거나 해고됩니다. 따라서 기업은 효율적인 조직관리 못지않게 상품과 서비스의 질 개선에 집중해야 합니다. 고객을 만족시킬 만한 상품이나 서비스를 제공하면 조직관리가 다소 미흡해도 버텨나갈 수 있지만, 상품 자체가 수준 이하면 조직이 붕괴합니다.

고객은 나를 먹여 살리는 생명의 은인입니다. 그렇게 고마운 분들이 만족해하는 상품을 제공하는 것이 나의 목표입니다.

보스는 단 하나뿐이다. 바로 고객이다. 고객은 자신의 돈을 다른 곳에 써버림으로써 회사의 사장부터 말단까지 모두 해고할 힘이 있다.
There is only one boss. The customer. And he can fire everybody in the company from the chairman on down, simply by spending his money somewhere else.
- 샘 월튼(Sam Walton, 기업인)

회사 사장이 월급을 주는 것이 아니다.
사장은 그저 돈을 관리할 뿐이고, 월급을 주는 사람은 고객이다.

It is not the employer who pays the wages.
Employers only handle the money. It is the customer who pays the
wages.

- 헨리 포드(Henry Ford, 공학기술자·기업인)

돈이 명예보다 훨씬 가치 있다

"빛 좋은 개살구"라는 말이 있습니다. 보기에는 먹음직스러운데 막상 먹어보니 도저히 먹을 수 없을 만큼 맛이 없다는 의미입니다.

세상에서 이름을 날리지만 수입이 형편없어 자식 교육도 제대로 못 시키는 사람이 있습니다. 세상은 그가 그렇게 살고 있는 줄 모릅니다.

반면 그 누구도 알아주지 않는 일을 하지만, 저축액이 수억이나 되고 자식들을 잘 교육시켜 번듯하게 성공시킨 사람도 있습니다.

내가 살아보니 좋은 직업을 가진 듯하지만 실제로는 쪼들리게 사는 것보다는 남들이 알아주지 않는 일을 해도 실제로는 잘사는 것이 훨씬 현명하고 행복한 일입니다.

매혹적으로 보이는 것보다는 안정적인 수입을 얻는 것이 낫다.
It is better to have a permanent income than to be fascinating.
- 오스카 와일드(Oscar Wilde, 소설가)

부자가 검소하게 사는 것처럼 행복한 것이 없다

2020년 현재 900억 달러의 재산을 보유한 워런 버핏은 자신이 직접 운전해서 평범한 레스토랑에 가 5달러짜리 햄버거를 먹습니다. 재산이 810억 달러나 되는 마크 저커버그는 싸구려 티셔츠, 신발을 애용합니다.

돈이 많다고 해서 고급 레스토랑에서만 식사하고 잘사는 사람들만 만난다면, 한정된 정보와 경험만 얻게 되어 스스로의 성장에 지장을 받게 됩니다.

가난한 사람이 삶의 기준을 부자에 맞춘다면 가랑이가 찢어집니다. 부자가 삶의 기준을 가난한 사람에 맞춘다면 가랑이가 몇 배 늘어나서 절대 찢어지지 않습니다.

나는 돈이 많으면서도 가난한 사람처럼 살고 싶다.
I'd like to live as a poor man with lots of money.
- 파블로 피카소(Pablo Picasso, 화가)

부자가 계속 부자인 것은 파산한 것처럼 살기 때문이고,
파산한 사람이 파산 상태로 남아 있는 것은 부자처럼 살기
때문이다.

Rich people stay rich by living like they are broke. Broke people
stay broke by living like they are rich.

- 미상

가난한 자는 꿈만 꾸고, 부자는 무조건 행동한다

태어나면서부터 부자인 경우를 제외하고 행동하지 않는데도 부자가 되는 일은 없습니다. 밭에 씨를 뿌리지 않으면 가을에 곡식을 거둘 수 없는 것과 마찬가지로 행동하지 않으면 돈을 벌 수 없고 부자가 될 수 없습니다.

부자는 뭔가를 열심히 한 사람이고, 가난한 사람은 그렇게 하지 않은 사람입니다.

100조 원 가치의 아이디어가 머리에 떠올라도 행동으로 옮기지 않으면 단 1원의 가치도 없습니다.

부자는 부자가 되기를 결행한다. 가난한 사람은 부자가 되기를 소망한다.
Rich people are committed to being rich. Poor people want to be rich.
- 토마스 하브 에커(Thomas Harv Eker, 동기부여 전문가·사업가)

고생하지 않고 부자가 되는 방법은 없다

나는 해외여행을 아주 싫어합니다. 비행기에 타면 코막힘과 허리 통증이 심하기 때문이지요. 남들이라고 그런 증상을 겪지 않을 리 없지만, 나는 그런 증상을 지나치게 심각하게 받아들입니다. 그래서 웬만한 사람은 다 가봤다는 베트남은 물론 중국, 호주, 유럽에도 가보지 못했습니다. 미국도 다녀온 지 20년이 되어가고, 일본은 15년 전에 단 사흘간 다녀온 적이 있습니다.

부자가 되려면 수많은 난관을 극복해야 합니다. 내가 코막힘과 허리 통증을 핑계로 해외여행을 잘 가지 않는 것처럼 수많은 난관을 핑계 대면서 부자 되는 길로 여행을 떠나지 않는다면 결코 부자가 될 수 없습니다.

부자 되기가 쉽다면 누구라도 부자가 되어 있을 것입니다. 부자가 되는 길에 놓인 난관을 극복하는 사람은 매우 적습니다. 대부분은 처음부터 겁을 먹고 그 길로 들어설 엄두조차 내지 못하지요.

부자는 기회에 초점을 맞추고, 가난한 사람은 장애에 초점을 맞춘다.
Rich people focus on opportunities. Poor people focus on obstacles.
- 토마스 하브 에커(Thomas Harv Eker, 동기부여 전문가·사업가)

부자는 두려워도 행동한다. 가난한 사람은 두려우면 멈춘다.
Rich people act in spite of fear. Poor people let fear stop them.

- 토마스 하브 에커(Thomas Harv Eker, 동기부여 전문가·사업가)

대출금이 없는 인생이 진짜 내 인생

은행에서 7억을 대출받아 10억짜리 집을 산 사람의 머리에서는 매달 며칠까지 얼마를 반드시 입금해야 한다는 강박감이 떠나지 않습니다. 그런 가운데 가족 중 누가 아프면 치료비를 내도 그만큼의 돈을 충당할 수 있을까를 걱정하게 됩니다. TV가 고장 나 새로 사려 해도, 친구들이 여행을 가자고 해도, 가까운 지인이 세상을 떠나 부의금을 낼 때도 먼저 대출할부금부터 생각하게 됩니다.

세월이 지나면 부동산 가격도 오른다고들 합니다. 하지만 대출금을 다 갚을 때까지 20여 년간을 그렇게 사는 게 현명한 일인지 확신이 들지 않습니다.

그리 길지 않은 인생인데, 대출을 받지 않아도 되는 소박한 집에서 내 수입만으로 하고 싶은 것 다 하고, 또 저축하면서 자유롭게 살고 싶습니다.

빚에 시달리는 사람은 노예와 다름없다.
A man in debt is so far a slave.
- 랄프 왈도 에머슨(Ralph Waldo Emerson, 사상가)

돈은 상당한 허물을 덮는다

아무리 정의와 공의를 외치는 세상이라도 웬만한 잘못이나 흠을 돈으로 가릴 수 있습 니다.

신문기자가 Z자동차의 하자를 발견해서 기사로 내보려는 낌새가 보이면, Z사는 기사를 내지 않는 조건으로 그 신문에 광고를 싣겠다고 나옵니다.

중죄를 범한 부자는 무거운 형을 선고받아 마땅한데도 의외로 가벼운 처벌을 받는 경우가 많습니다.

돈으로 잘못을 상당 부분 감출 수 있다는 것은 사실입니다.

돈은 최고의 냄새 제거제다.
Money is the best deodorant.
- 엘리자베스 테일러(Elizabeth Taylor, 영화배우)

부유함이 사람을 행복하게 할 수는 없지만,
부유함에서 긍정적인 사고가 커진다.

Wealth does not make people happy, but positive increases in
wealth may.

- 나심 니콜라스 탈레브(Nassim Nicholas Taleb, 경제학자)

돈에 초연한 사람은 없다

　가족 간에 사랑이 넘치고 자녀들의 우애가 좋다고요? 부모가 세상을 떠난 뒤 유산상속을 할 때도 그런지 지켜보십시오.

　친구 간의 우정이 깊다고요? 동업으로 장사를 한번 해보라고 하십시오.

　얻어먹기만 하는 친구에겐 어느 순간부터 만나자는 연락이 끊깁니다.

　부부의 사랑이 아무리 깊어도 남편이 돈을 못 벌어오면 십중팔구 그 가정은 깨집니다.

부유하든 가난하든 돈 앞에선 눈이 돌아가는 것이 인간입니다. 돈에 초연할 수 있다면, 그것은 이미 돈이 어느 정도 있고 나서의 일입니다.

돈은 보드카와 마찬가지로 사람을 돌게 한다.
Money, like vodka, turns a person into an eccentric.
- 안톤 체호프(Anton Chekhov, 작가)

함부로 아이디어를 발설하지 말라

지혜로운 자는 자신의 계획이나 아이디어를 쉽게 발설하지 않고 곧바로 실행에 옮깁니다. 어리석은 자는 행동으로 옮기지 못하면서 남들에게 인정을 받으려고 자신의 생각을 마구 내뱉습니다.

세계적인 거부 빌 게이츠, 스티브 잡스는 입을 꼭 다물고 남의 아이디어를 낚아채 자신의 상품에 적용시켜 엄청난 성공을 거둔 사람들입니다. 세상은 행동의 결과로 사람을 평가하지 계획이나 아이디어를 보고 평가하지 않습니다.

한번 내뱉은 말은 되돌릴 수 없습니다. 함부로 약속도 하지 말아야 하고, 계획이나 아이디어도 가볍게 공개해선 안 됩니다.

말은 바보들의 돈이다.
Words are the money of fools.
- 토머스 홉스(Thomas Hobbes, 철학자)

내가 필요로 하는 것은 누군가가
반드시 만들어 돈을 번다

나는 고등학교 다닐 때 부모님 몰래 이불 속에서 나 혼자 볼 수 있는 TV가 있으면 좋겠다고 생각한 적이 있습니다. 지금은 휴대폰으로 그렇게 하고 있습니다.

나는 외국어를 배우지 않아도 외국인과 의사소통을 할 수 있게 해주는 통역기가 나왔으면 좋겠다고 생각했습니다. 지금은 초보적인 수준의 통역기가 나와 있습니다. 손가락으로 키보드를 두드리지 않아도 말만 하면 타이핑되는 기술이 있었으면 했습니다. 지금은 미흡하지만 그런 기술이 존재합니다.

나는 내시경으로 귓속을 보면서 귀지를 파는 기계가 있었으면 좋겠다고 생각했습니다. 지금은 그런 기계를 팔고 있습니다.

내가 필요로 하는 것은 언제고 만들어지게 마련입니다. 에디슨 같은 사람들이 골방에 처박혀 발명 중이지요.

나는 세상이 무엇을 필요로 하는지 알아낸 다음, 계속 앞으로 나아가 그것을 발명한다.
I find out what the world needs. Then, I go ahead and invent it.
- 토머스 에디슨(Thomas Edison, 발명가)

직장을 사랑하면 월급에 상관없이
혼신을 다해 일한다

사람들은 보수를 받는 만큼만 일하려 합니다. 그 이상 일하면 손해를 본다고 생각하기 때문이지요. 따라서 보수 이상으로 일하는 사람은 매우 적습니다. 하지만 고용주는 자신이 주는 돈보다 더 일해주는 사람을 찾고 싶어 합니다. 그렇게 일하는 사람은 대개 직장을 사랑하기 때문이지요. 고용주는 직장을 사랑하는 직원에게 더 많은 책임을 부여하고, 그만큼 더 많은 임금을 주게 마련입니다.

직장을 진심으로 사랑하는 사람만이 자신이 받는 보수 이상으로 일합니다. 그런 사람은 극히 소수이기 때문에 금방 고용주의 눈에 띕니다.

대부분의 사람은 해고되지 않을 정도로만 일하면서 사표를 쓰지 않을 정도로만 돈을 받는다.

Most people work just hard enough not to get fired and get paid just enough money not to quit.

- 조지 칼린(George Carlin, 코미디언·영화배우)

최소한의 생활을 꾸릴 수 있다면 돈을 꾸지 말라

돈이 가장 필요한 사람은 노숙자나 거지일 것입니다. 하지만 은행은 물론 사채업자도 그런 이들에게는 돈을 꿔주지 않습니다. 돈을 떼일 위험성이 높기 때문이지요.

은행은 갚을 능력이 있는 사람에게만 돈을 빌려주는데, 사실 그런 사람은 반드시 돈을 빌리지 않아도 버텨낼 능력이 있습니다. 예를 들어 거액을 대출받아 좋은 아파트를 구매하는 대신 그냥 허름한 단독주택이나 빌라를 사면 됩니다. 신형 자동차를 사는 대신 기존 자동차를 더 타고 다니거나 대중교통을 이용할 수 있습니다.

은행에서 대출을 받기 전, '그 돈이 없으면 내 생존이 위협을 받는가?'라고 물어보는 것이 좋습니다. 그렇지 않다는 답이 나오면 돈을 빌리지 마십시오.

은행은 당신이 돈이 필요 없다는 것을 증명할 수 있을 때 당신에게 돈을 빌려주는 그런 곳이다.
A bank is a place that will lend you money if you can prove that you don't need it.
- 밥 호프(Bob Hope, 영화배우)

남자의 가장 강력한 매력 포인트는 재력

　남자의 외모만 보고 결혼했다가 후회하는 여자들이 많습니다. 외모가 출중하고 능력도 있고 또 근면하다면 금상첨화겠지만, 그렇게 모든 조건을 갖춘 남자를 만나기는 어렵습니다.

　남자는 자신뿐만 아니라 가족을 부양할 책임이 있습니다. 따라서 돈을 벌어 오는 능력이 없으면 안 됩니다. 외모는 근사한데 돈을 벌어 오지 못하면 외모가 아무런 빛을 발하지 못합니다. 반대로 키가 작고 얼굴도 못생겼는데 열심히 돈을 벌어 와서 가족을 잘 부양하면 매력적으로 보이는 법입니다.

남자는 돈을 벌어 와야 하는 숙명을 타고났습니다. 가족을 부양할 만큼 돈을 벌어 오지 못하는 남자는 대접받기 힘듭니다.

남자는 은행 저축액과 같다. 돈이 없는 남자는 매력을 발산하지 못한다.
Men are like bank accounts. Without a lot of money they don't generate a lot of interest.
- 미상

검약이라는 씨를 뿌리면 황금 수확인 자유라는 열매를
거두게 된다.

By sowing frugality we reap liberty, a golden harvest.

- 아게실라오스 2세(Agesilaus, 스파르타 왕)

솔직히, 돈은 행복의 열쇠다

돈이 많다고 해서 반드시 행복한 것은 아닙니다. 하지만 생존을 걱정할 정도로 돈이 없다면 결코 행복할 수 없습니다. 따라서 행복해지는 데는 돈이 필수입니다. 가정불화의 원인 가운데 가장 큰 비중을 차지하는 것도 경제 불안입니다. 부부싸움 하는 소리를 들어보면 거의 다 돈 때문이라는 것을 알 수 있습니다. 부모자식 간에 발생하는 갈등도 대부분 돈 문제입니다.

일단 일정 수준의 돈이 있으면 그로 인해 생기는 불화를 막을 수 있습니다. 따라서 그 정도로 돈을 모을 때까지 열심히 일해야 합니다.

흔히 "사람 목숨이 중요하지 돈이 중요해요?" 하고 말들 하지만, 돈이 없으면 생명을 구하지 못할 수도 있습니다.

사람들은 돈이 행복의 열쇠가 아니라 말한다. 하지만 나는 돈이 충분히 있으면 열쇠를 만들 수 있다는 것을 알고 있다.
People say that money is not the key to happiness, but I always figured if you have enough money, you can have a key made.
- 조앤 리버스(Joan Rivers, 코미디언·배우)

광고는 20%만 믿을 것

나는 중학교에 다닐 때부터 키에 대해 열등감이 있었습니다. 반에서 키 작은 순서로 10번째 안에 들었으니까요. 그런데 신문에서 키 크는 기계 광고를 보고는 부모님을 졸라 그것을 샀습니다. 책상 다리에 끈을 매어 다리를 잡아당기게 하는 동시에 무릎에 전기 진동을 주는 방식인데, 며칠 사용해보니 무릎 관절이 아팠습니다. 결국 다리가 망가질 것 같아 버리고 말았습니다.

아파트 쓰레기장을 돌아보면 TV에서 광고하는 신형 주방용품이 많이 버려져 있습니다. 대부분 몇 번 사용하지 않은 것들입니다. 그것을 가져와 집에서 사용해보면 역시 버릴 만하다는 생각이 듭니다.

광고를 보고 사고 싶은 충동이 들더라도 일단 구매를 나중으로 미루십시오. 그러면 나중에 그걸 사지 않은 것을 다행으로 여길 것입니다.

광고는 사람들이 필요 없는 것을 사들이기 위해 돈을 지출하도록 설득하는 기술이다.
Advertising is the art of convincing people to spend money they don't have for something they don't need.
- 윌 로저스(Will Rogers, 영화배우)

젊어서나 늙어서나 돈만 한 동반자가 없다

대작가 오스카 와일드는 젊어서나 늙어서나 "인생에서 돈이 최고"라고 말했답니다. 나도 먹고살 만큼 저축이 되어 있으면 출판사에서 인세를 제때에 입금하지 못해도 그러려니 하고 기다릴 수 있습니다. 사정이 어려운 출판사에는 계약금 없이 원고를 넘겨줄 수도 있고요. 하지만 그런 사정이 안 된다는 것이 문제입니다.

부자에게는 돈이 인생에서 가장 중요한 것이 아닐지 모르지만 가난한 사람에는 돈이 최고입니다. 물론 생명 다음으로 말입니다.

가난한 사람에게는 세상이 다 알아주는 명예보다는 김밥 한 줄과 라면 한 그릇이 더 중요합니다.

나는 어렸을 때 인생에서 가장 중요한 것이 돈이라 생각했다. 늙어버린 지금은 그 생각이 옳았다는 것을 알게 되었다.
When I was young I thought that money was the most important thing in life; now that I am old I know that it is.
- 오스카 와일드(Oscar Wilde, 소설가)

돈이 바로 안락이다

아내가 지인에게 국내 일류호텔 뷔페 사용권 열 장을 얻어왔습니다. 덕분에 호텔 식당에서 여러 번 식사를 하면서 '언제든 돈 걱정 없이 올 수 있다면 얼마나 좋을까?'라는 생각이 들었습니다.

1980년대 초반, 친구들과 뉴욕주 시러큐스를 지나다가 하루 숙박비 10달러짜리 호텔에서 묵었습니다. 그날 밤 우리는 빈대에 물려 긁느라 1시간도 못 잤습니다. 그때 우리는 이런 말을 했습니다.

"우리 앞으로 100달러짜리 호텔에 아무렇지도 않게 들어갈 수 있을 만큼 부자가 되자."

가난해도 행복하다고 말하는 사람은 사실 그리 가난한 사람이 아닙니다. 쌀통이 바닥나고 전기와 가스, 수돗물마저 끊기면 여기가 바로 지옥이라는 말이 절로 나올 것입니다.

돈으로 행복을 살 수 없다고 말하는 사람은 어디로 쇼핑을 갈지 모르기 때문에 그런 말을 하는 것이다.
Whoever said money can't buy happiness simply didn't know where to go shopping.
- 거트루드 스타인(Gertrude Stein, 소설가·비평가)

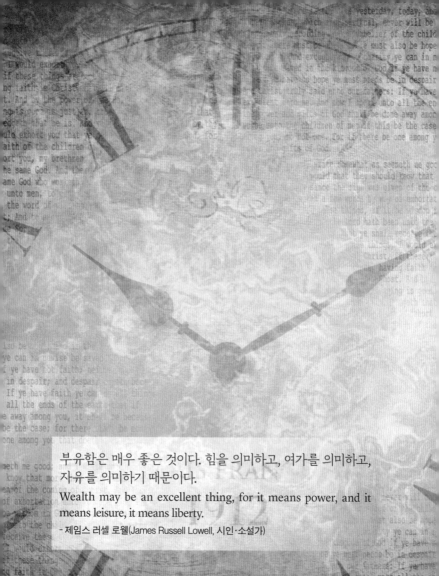

부유함은 매우 좋은 것이다. 힘을 의미하고, 여가를 의미하고,
자유를 의미하기 때문이다.
Wealth may be an excellent thing, for it means power, and it
means leisure, it means liberty.

- 제임스 러셀 로웰(James Russell Lowell, 시인·소설가)

대기업은 돈을 쓸 때 매우 신중하다

2006년, 구글이 생긴 지 1년 6개월밖에 안 된 유튜브를 16억 5천만 달러에 매입하자 IT 전문가들은 이구동성으로 미쳤다고 했지요. 하지만 요즘 들어 구글은 유튜브를 통해 매해 200억 달러 이상의 수입을 올리고 있습니다. 그래서 지금은 그때의 결정이 IT 비즈니스 역사상 가장 훌륭한 거래로 인정받고 있지요.

구글이 투자에 과감성을 보였다고 해서 충동적으로 결정을 내린 줄 알면 착각입니다. 구글은 냉철한 연구 검토를 거쳐 유튜브의 잠재력이 높다는 사실을 알아낸 다음, 대담하게 큰돈을 들여 사들였으니까요.

대기업들은 철저한 검토 끝에 긍정적인 결과가 나오면 물불 가리지 않고 투자를 결행합니다.

돈을 벌려면 용기가 필요하고, 돈을 지키려면 검약해야 하고, 돈을 잘 쓰려면 예술 작품을 만들 듯 해야 한다.
To acquire money requires valor, to keep money requires prudence, and to spend money well is an art.
- 베르톨트 아우어바흐(Berthold Auerbach, 시인)

많은 사람이 원하는 것을 만들거나 제공하면 큰돈을 번다

세상은 어떤 사람이 가진 꿈이나 계획만 보고 그 사람을 평가하지 않습니다. 누구라도 언제든지 꿈꾸거나 계획을 세울 수는 있지만, 실행은 아무나 하지 못하기 때문입니다.

따라서 세상은 어떤 사람이 무슨 물건을 만들었느냐에는 관심이 없습니다. 오로지 그 물건이 나에게 필요한지만 알아내려 하지요.

세계적인 거부들을 보십시오. 그들이 그렇게 부자가 된 것은 세상 사람들이 원하는 물건이나 서비스를 제공했기 때문입니다.

인격이 성숙하지 못해 수시로 말썽을 부려도 사람들이 필요로 하는 기술이나 지식을 갖고 있다면, 일자리를 걱정하지 않아도 됩니다.

남들이 필요로 하는 기술을 갖고 있거나 상품을 생산할 능력이 있다면 세상 살기가 한결 편해집니다.

거대한 부를 축적한 사람들의 전기를 공부해보면, 뭔가를 생산하거나 발견한 뒤에 돈이 그들에게 찾아갔음을 알게 될 것이다.

Study the biographies of those who have built great fortunes, and you will learn that money came to them after they had produced or discovered something.
- 윌리엄 J. 라일리(William J. Reilly, 경제학자)

부모의 가난은 자녀의 뼛속을 파고든다

돈에 쪼들리는 가정에서 자란 사람은 돈의 중요성을 알아서 성인이 되면 망설이지 않고 돈을 벌러 나갑니다. 돈 걱정 없이 자란 사람은 돈 벌기가 얼마나 어려운 줄 몰라서 문화생활을 한답시고, 견문을 넓힌답시고 돈을 낭비하는 경향이 있습니다.

나와 어릴 적 친구들의 현황을 보더라도 가난했던 집안 아이들은 거의 다 잘사는 것 같고, 부자로 살던 친구들은 못사는 경우가 많은 것 같습니다.

아버지가 세상을 떠난 뒤 100억대의 재산을 물려받은 아들이 단 2, 3년 만에 재산을 탕진한 사례도 있습니다.

부러울 것 없는 가정에서 자라는 아이들에게는 돈의 소중함을 일깨워야 합니다.

자녀에게 돈에 대해 교육시키는 가장 쉬운 방법은 돈 없는 부모가 되는 것이다.
The easiest way for your children to learn about money is for you not to have any.
- 캐서린 화이트혼(Katharine Whitehorn, 저널리스트)

누구나 아는 기술로도 돈을 벌 수 있다

대학생이나 직장인들은 거의 다 파워포인트를 할 줄 알지만, 매우 잘하는 사람은 드뭅니다. 그래서 파워포인트만 숙달해도 밥 먹고 사는 사람들이 꽤 있습니다. 이들은 이 회사, 저 회사에 불려 다니며 꽤 많은 수입을 올립니다.

김치는 누구나 다 담글 수 있지만, 김치 전문가는 따로 있습니다. 김치 전문가는 더 맛있는 김치를 생산하기 위해 기존의 김치 담그는 법에 새로운 기법을 가미하는 실험을 끈질기게 해오고 있습니다.

전문가는 이미 익힌 기술로 만족하지 않고 그 기술을 더욱 발전시키기 위한 실험을 계속합니다.

자신의 기술을 계속 연마하는 사람은 넉넉히 보상을 받게 된다.
That man who seeks to learn more of his craft shall be richly rewarded.
- 조지 사무엘 클라슨(George Samuel Clason, 작가)

나 자신이 아닌 대중을 만족시켜라

요즘 큰 인기를 모으고 있는 로맨스 웹소설을 써서 돈을 벌려면 몇 가지 룰을 지켜야 한다는군요.

첫째, 남자주인공과 여자주인공은 다 같이 키가 크고 잘생겨야 하며, 둘 중 하나는 성격이 까칠해야 한다. 둘째, 두 주인공 중 하나는 금수저, 다른 하나는 흑수저이다. 셋째, 무조건 해피엔딩이다.

틀에 박힌 포맷이 싫다고 남자주인공을 땅딸이에 대머리로, 여자주인공을 고도비만으로 설정하면 실패율 100%라는 것이지요.

영화에서도 남자주인공은 멋있고, 여자주인공은 예쁩니다. 현실에서는 그런 남녀의 결합이 힘들지만, 세상 사람들은 그런 비현실적 조합에서 대리만족을 느끼게 마련이지요.

돈을 벌려면 나의 취향이 아니라 다수의 취향을 충족시키는 상품을 팔거나 서비스를 생산해야 합니다.

부자가 되기를 원한다면 당신이 필요한 것에 초점을 맞추지 말고 대중이 원하는 것에 초점을 맞춰라.
If you want to get rich, stop focusing on what you want, focus on what people want.
- 미상

공짜 친절을 기대하는 것은 도둑놈 심보

내가 뉴욕에 거주할 때의 일입니다.

서울에서 무역업을 하는 대학 동문이 일주일간 나를 데리고 거래처 사람들을 만나러 다녔습니다. 당시 내 영어 실력으로는 통역이 어려워서 한국어와 영어에 능통한 교포 2세를 고용하라고 했지만, 워낙 구두쇠라 그렇게 하지 않더군요. 심지어 택시비와 점심값조차 내려 하지 않았습니다. 하지만 나는 '양식이 있는 사람이니 돌아가는 날에는 내가 쓴 돈을 배상해주겠지' 하고 기대했습니다.

그가 한국으로 귀국하는 날이었습니다. 케네디 공항에 도착했는데, 이번에도 택시비를 안 내려 하는 겁니다. 나는 버럭 화를 냈습니다.

"야, 난 너 때문에 일주일간 아무것도 못했어. 너 때문에 쓴 돈이 300달러가 넘어. 너 해도 너무한 거 아니냐?"

친구는 그제야 마지못해 택시비를 지불하더군요. 물론 내가 쓴 돈은 단 한 푼도 돌려받지 못했습니다.

그다음 해에 그 친구가 다시 뉴욕에 왔습니다. 그는 내게 전화를 걸어 빨리 호텔로 오라고 했고, 나는 냉정하게 말했습니다.

"야, 나 돈 벌어야 하니까 다시는 전화하지 마라."

"통역 때문에 그러지."

그 친구의 말이 끝나자마자 나는 쏘아붙였습니다.

"전화부에 한국 교회 많이 실려 있다. 거기로 전화해서 통역할 대학
생을 소개해달라고 해. 학생이니까 하루 200달러만 줘도 돼."

선심을 베풀면 그것이 당연한 줄 아는 사람이 너무 많습니다.

당신이 어떤 일에서 뛰어나다면 절대로 그 일을 공짜로 해주지 말라.
If you're good at something, never do it for free.
- 조나단 놀란(Jonathan Nolan, 시나리오작가)

돈도 인내가 있어야 번다

애플은 1976년 스티브 잡스, 스티브 워즈니악, 로널드 웨인이 공동으로 설립했습니다. 스티브 워즈니악이 개발한 '애플1'이라는 개인용 컴퓨터를 생산, 판매하기 위해서였지요.

로널드 웨인은 사무 담당이었는데, 애플의 성장 가능성을 비관적으로 판단해 자신에게 주어진 10%의 주식을 스티브 잡스와 스티브 워즈니악에게 800달러에 팔았습니다. 그가 만일 지금까지 주식을 보유하고 있었다면 수십억 달러의 재산가가 되었을 것입니다.

장고 끝에 악수를 두는 법입니다. 때로는 소처럼 우직하게 견뎌야 돈을 벌 수 있습니 다.

투자가 재미있어서 즐기는 중이라면 아마 돈 한 푼 벌지 못하고 있을 것이다. 현명한 투자는 지루하기 짝이 없다.
If investing is entertaining, if you're having fun, you're probably not making any money. Good investing is boring.
- 조지 소로스(George Soros, 투자가)

적은 돈의 위력

혹시나 좋은 지역에 건설되는 아파트 단지의 분양에 당첨되지 않을까 싶어 매달 10만 원씩 거의 4년 동안 주택청약저축을 들었던 적이 있습니다. 그런데 갑자기 300만 원이 필요했습니다. 내가 돈을 꿔달라고 해도 불쾌하게 생각하지 않을 친구나 거래처 사장들은 경제 사정이 좋지 않았습니다. 그때 주택청약이 생각나더군요. 은행에 가서 청약을 해지하니 필요한 돈보다 더 많은 돈이 들어왔습니다. 저축의 중요성이 그때처럼 실감나기는 처음이었습니다.

넉넉지 않은 상황에서도 조금씩 저축하면 위기에서 탈출할 수 있습니다.

돈은 단 한마디만 할 뿐이다. "오늘 당신이 나를 저축하면, 내일은 내가 당신을 구해주마."
Money speaks only one language ; "If you save me today, I will save you tomorrow."
- 미상

큰 부자는 한 번의 실천으로 평생 돈을 번다

좋은 부동산을 사놓으면 가만 내버려둬도 저절로 가치가 오릅니다. 좋은 증권을 사도 마찬가집니다. 《해리포터》같이 재밌는 소설을 한번 써놓으면 힘들여 홍보하지 않아도 세계인들이 앞다퉈 사줍니다.

수입이 월급밖에 없는 사람은 아껴서 꾸준히 저축만 해도 말년에 경제적 어려움 없이 지낼 수 있습니다. 하지만 큰 부자는 수익이 저절로 늘어나는 일을 합니다.

부자가 되려면 잠잘 때도 돈을 벌어야 한다.
To get rich, you have to be making money while you're asleep.
- 데이비드 베일리(David Bailey, 사진가)

약속을 남발하면 가난해진다

〈마태복음〉 5장 34절에서 37절까지의 말씀입니다

"나는 너희에게 이르노니 도무지 맹세하지 말지니 하늘로도 하지 말라 이는 하나님의 보좌임이요 땅으로도 하지 말라 이는 하나님의 발등상임이요 예루살렘으로도 하지 말라 이는 큰 임금의 성임이요 네 머리로도 하지 말라 이는 네가 한 터럭도 희고 검게할 수 없음이라 오직 너희 말은 옳다 옳다, 아니라 아니라 하라 이에서 지나는 것은 악으로부터 나느니라"

약속을 하면 그것을 지키기 위해 여의치 않더라도 무리한 행동을 하게 됩니다. 그러다가 불법행위를 저지를 수도 있고 빚도 질 수 있습니다. 약속하는 것이 죄라는 의미입니다.

약속하는 사람은 빚에 쪼들리게 된다.
He who promises runs in debt.
- 〈탈무드〉

빚을 지면 인격 파탄의 위험성이 높아진다

내 친구 하나는 사채업으로 쫄딱 망했습니다. 사채업자는 돈을 많이 벌 것 같지만 사실은 내 친구처럼 절반 이상이 망한다고 합니다.

친구는 자동차를 담보로 잡고 돈을 꿔줬는데, 돈을 빌리고 나서는 광주나 부산으로 내려가 자동차를 도난당했다고 신고하는 채무자도 있었답니다. 그러면 친구는 광주나 부산의 경찰서에 내려가 채무자가 남기고 간 서류를 제출해 도난차량을 잡은 게 아님을 증명해야 했습니다. 문제는 자동차를 찾아가는 사람의 비율이 낮다는 것입니다.

빚을 졌다면 더 이상 빚을 져서는 안 됩니다. 빚을 진 상태라면 빚이 없을 때보다 더 노력해야 하지요.

빚을 지는 것은 최악의 가난이다.
Debt is the worst poverty.
- 토머스 풀러(Thomas Fuller, 성직자·역사가)

돈이 있어야 인격도 지킬 수 있다

돈을 꿔야 할 때는 자존심이 낮아지고 굴욕감이 듭니다. 그러면서 '이 사람이 안 꿔주면 어쩌지!' 하는 조바심에 상대방의 비위를 맞추고 아부를 떨기도 합니다. 세계적인 재벌이 새로운 사업을 하기 위해 돈을 꾸는 것보다는 연체된 전기요금과 수도요금을 내기 위해 돈을 꾸는 것이 훨씬 더 모멸감을 불러일으킵니다. 상대방이 거부하면 절벽으로 떨어지는 느낌이지요.

카드사에서 연체를 담당하는 직원이 말하더군요.

"연체 고객에게 우선 100만 원만 입금시키라고 하면 이행하는 분이 절반도 안 됩니다. 100만 원을 꿔줄 친구를 둔 사람은 그리 많지 않습니다."

돈을 꿔야 할 긴박한 상황에 몰리면 돈이 바로 인격이라는 것을 깨닫게 됩니다.

돈의 위력을 알고 싶다면 밖으로 나가 누군가에게 돈을 꿔달라고 말해보라.
If you would know the value of money, go and try to borrow some.
- 벤저민 프랭클린(Benjamin Franklin, 정치인·저술가·발명가)

가난해도 빚이 없으면 희망이 있다

한 조각의 빵을 위해 돈을 빌리면 나중에는 옷을 사기 위해 돈을 빌리게 됩니다. 그 뒤에는 자녀 교육을 위해, 그다음엔 차를 사기 위해, 그다음엔 해외여행을 위해, 그다음엔 집을 사기 위해, 그다음엔 빚을 갚기 위해 돈을 빌리게 됩니다.

일단 빚을 지면 머릿속에서 언제까지 얼마를 갚아야 한다는 생각이 떠나지 않습니다. 걱정과 불안에서 벗어날 수 없는 것입니다. 하고 싶은 일이 있어도 그보다 먼저 돈을 갚기 위한 일부터 해야 합니다. 그래서 장기적인 플랜보다는 단기적인 플랜에 얽매이게 되지요. 그렇게 살다 보면 결국 자신이 하고 싶은 일은 거의 하지 못합니다.

원하는 삶을 살고 싶다면 빚을 지지 마십시오. 욕심내지 않고 부지런하면 빚질 필요가 없습니다.

빚을 지기보다는 끼니가 없더라도 굶은 채 잠자리에 들라.
Rather go to bed supperless, than rise in debt.
- 벤저민 프랭클린(Benjamin Franklin, 정치인·저술가·발명가)

빚은 가장 큰 불행의 원인

위기에 몰리면 빚을 질 수밖에 없습니다. 일단 빚을 지고 나서 시간을 번 뒤 열심히 일해서 갚으면 되니까요. 하지만 문제는 빚을 지고 나서도 돈을 버는 행동을 하지 않는다는 것입니다. 일정한 수입이 있는 사람이 전망이 밝은 특정 부분에 투자하려고 빚을 진다면 이해가 되지만, 수입 창출 행위를 하지 않으면서 빚을 지는 것은 제 발로 지옥에 들어가는 일입니다.

게으르면 빚을 지게 되어 있습니다. 근면하면 빚질 필요가 없으니 자유롭습니다.

두 번째로 나쁜 행동은 거짓말하는 것이고, 첫 번째로 나쁜 행동은 빚을 지는 것이다.
The second vice is lying, the first is running in debt.
- 벤저민 프랭클린(Benjamin Franklin, 정치인·저술가·발명가)

수고해서 벌지 않은 돈에는 애착이 없다

미국에 사는 한 친구가 한국에 왔다가 내게 전화를 했습니다.

"나 돈이 똑 떨어져서 그러는데, 30만 원만 빌릴 수 있을까? 미국 돌아가서 바로 보내줄게."

워낙 게을리 살아서 수입이 변변치 않았던 내게 30만 원은 거금이었습니다. 30만 원을 인출하니 잔고가 6만 원도 되지 않았습니다. 며칠 안에 내야 하는 관리비에도 못 미치는 금액이었지요.

그런데 돈을 빌린 친구는 미국에 돌아가서도 아무 연락이 없었습니다. 5년 뒤 다시 귀국해 나를 만났지만, 돈을 갚을 생각을 하지 않더군요. 까먹었던 겁니다.

나도 돈을 빌리고 안 갚은 게 꽤 됩니다. 빌려준 사람은 기억하는데 내가 모르는 것도 있을 것입니다.

돈을 꿔준 사람은 돈을 빌려 간 사람보다 더 잘 기억한다.
Creditors have better memories than debtors.
- 벤저민 프랭클린(Benjamin Franklin, 정치인·저술가·발명가)

약속은 1원 가치도 없다

영화감독 W가 식사나 같이 하자고 해서 약속 장소에 갔더니, 애니메이션 감독 D도 나와 있었습니다. 대화가 무르익자 D가 애니메이션에 관한 영문서적 한 권을 내밀었습니다.

"작가님에게 이 책의 번역 좀 부탁드리고 싶습니다. 사정이 어려워서 번역료는 드릴 수 없고, 나중에 작가님에게 영상 자막을 맡기겠습니다."

나는 영상 자막을 맡긴다는 말만 믿고 한 달 만에 원고지 1,200매 정도를 번역해서 D에게 넘겨주었습니다. 그 뒤로는, 함흥차사입니다. 하기는 나라고 그렇게 공허한 약속을 안 했겠습니까? 돈도 없으면서 부동산중개업자를 앞세워 아파트를 구경하고, 쓰지도 않을 원고를 출판사에 준다고 하고……

요즘에는 지키지 못할 약속을 하는 것은 범죄라는 생각이 듭니다.

약속은 빚이 생기게 하고, 빚은 약속을 하게 하지만, 약속은 결코 그 빚을 갚는 법이 없다.
Promises make debts, and debts make promises, but promises never pay debts.
- 찰스 스펄전(Charles Spurgeon, 목사)

가끔은 이상한 일도 벌어지는 세상

소설보다 더 거짓말 같은 이야기를 하나 소개하지요. 꾸며도 너무 꾸민 것 같지만 맹세코 사실입니다.

20여 년 전, 내게 종종 일을 맡기던 잡지사 편집장 T가 있었습니다. 30대 중반의 노처녀였지요. 그녀는 내 아내와도 잘 아는 사이였습니다. T는 잡지사를 그만두고 이탈리아 여행을 갔다가 돈과 여권이 든 가방을 강탈당했습니다. 길거리에서 울고 있는데, 일흔이 넘어 보이는 남자가 다가와 자신의 집에 데려갔습니다. 그의 아내도 T를 환영했고요.

그 부부는 T를 10여 일간 묵게 해주고 한국대사관에서 여행증명서를 받도록 도와주었습니다. 그런데 알고 보니 그들은 엄청난 부자였고, T가 출판업을 하고 싶어 한다는 말을 듣고는 아무 조건 없이 1억 원이 넘는 돈을 한국으로 송금해주었습니다.

그 노인 부부가 염세주의자인지는 확인할 수 없지만, 세상에는 이렇게 말도 안 되는 일도 있답니다.

돈은 염세주의자에게서 빌리라. 그 사람은 돌려받을 생각을 하지 않는다.
Always borrow money from a pessimist, he doesn't expect to be paid back.
- 미상

빚 없는 행복이 진짜 행복

돈이 많으면 친구도 많아지고 나를 만나고 싶어 하는 사람들도 많아집니다. 나를 만나서 좋으면 좋았지 손해를 볼 게 없으니까요. 반대로 파산하면, 친구에게 전화해도 받지 않습니다. 대신 돈을 받아야 할 사람들이 따라다니거나, 밤낮을 가리지 않고 전화를 해옵니다. 빚을 진 사람이나 채권자의 속은 까맣게 타들어갑니다.

친척 동생이 사업을 하다가 파산하면서 수십억 원의 채무가 생겼습니다. 채권자들의 등쌀에 가족은 뿔뿔이 흩어졌고, 채권자들은 동생을 붙들고 늘어졌습니다. 동생은 이렇게 하소연하더군요.

"차라리 교도소에 가는 게 낫겠다."

빚을 지면 스스로 감옥에 갇힌 셈입니다. 아무리 가난해도 채무가 하나도 없다면 얼마나 행복한 일인지 모릅니다. 누군가에게 시달리지는 않을 테니까요.

채권자는 당신이 어려워지면 친구보다 더 찰거머리처럼 당신에게 달라붙는다.
The only man who sticks closer to you in adversity than a friend is a creditor.
- 미상

돈을 빌리면 정보가 노출된다

돈을 빌리면 자신의 재정상태를 상대에게 노출하게 됩니다. 호화롭게 살면서 친구에게 100만 원을 빌려달라고 하면 그 친구를 통해 흥청망청 낭비하는 인간으로 찍혀 오히려 경계의 대상이 될 수 있습니다. 반드시 쓸 데가 있는 것도 아닌데 돈을 빌린다면, 그것은 자신이 빠질 함정을 더 깊게 파는 행위입니다. 그런 사람에게는 돈을 빌리는 것이 습관입니다.

꼭 필요하지도 않은 돈을 빌리는 것은 걱정거리를 끌어들이는 일입니다.

빛은 문제를 만드는 어머니다.
Borrowing is the mother of trouble.
- 유대 속담

망상의 노예가 되면 흥청망청 돈을 쓴다

몇 년 전 한 작가가 친구에게 20만 원을 빌리기에 그 돈으로 뭘 하는가 봤습니다. 그랬더니 여의도에 있는 생과자집에서 15만 원어치 과자를 사더니, 전혀 안면이 없는 드라마기획사, 영화제작사에 돌리는 것이었습니다. 자신이 쓴 소설을 영상으로 만들어달라는 뇌물인 셈이지요.

영화나 드라마로 만들 만하다면 작가가 가만있어도 제작자 측에서 먼저 연락을 해옵니다. 과자를 얻어먹었다고 수준이 안 되는 소설을 수십억에서 수백억의 돈이 들어가는 영화나 드라마로 만들까요?

정당한 방법으로 돈을 번 사람은 때로 인색하다는 말을 들을지언정 허투루 돈을 쓰지 않습니다.

친구에게 돈을 빌리기 전 자신에게 가장 필요한 것이 무엇인지를 결정하라.
Before borrowing money from a friend, decide which you need most.
- 미국 속담

자아실현도 돈이 있어야 한다

인생에서 가장 기본적이고 중요한 일은 먹고사는 것입니다. 그 단계가 지나면 '안전'을 찾게 되고, 그 단계가 지나면 '소속'을 찾게 되며, 그다음에는 '인정'을 받고 싶어 하고, 또 그다음엔 오로지 뭔가를 이루었다는 '성취감'을 느끼고 싶어 합니다.

세계에서 가장 빨리 성장하는 전기자동차 기업 테슬라의 CEO 일론 머스크는 2018년에 0달러의 연봉을 받았지만, 이미 240억 달러의 재산가입니다. 그는 자신을 위해 돈을 더 버는 것이 목적이 아니라 전기 무인자동차, 왕복우주선 개발같이 삶의 방향을 좌우할 프로젝트의 완성에서 성취감을 느끼고 싶은 것입니다.

돈을 받지 않고도 일하고 싶은 마음이 생기려면 자신의 가족을 위해 넉넉히 쓸 만한 돈이 이미 확보돼 있어야 합니다.

돈을 목적으로 일하지 않는 수준까지 발전해야 한다.
You reach a point where you don't work for money.
- 월트 디즈니(Walt Disney, 만화영화 제작자)

자선사업도 일단 내 배가 부르고 나서

죽고 나서 "그 사람은 쓸모 있게 살았다"는 말을 들으려면 일단 남들에게 손 벌리지 않고, 자기 힘으로 가족을 먹여 살리고, 자녀를 교육시키고, 병원에 갈 수 있을 만큼의 돈을 벌어놓아야 합니다. 그런 다음에야 세상에서 인정받는 일도 하는 것이지요. 가족은 쫄쫄 굶기면서, 아이들 학비도 내지 못하면서 사람들에게 인정받는 일에 몰두한다면 자신이 할 일을 하지 않은 데 대한 죄책감을 잊고 싶어서라는 오해를 받기 십상입니다.

"자선을 베풀고 죽었다"는 칭찬을 듣고 싶다면 일단은 넉넉히 벌고 나서 방법을 찾아도 늦지 않습니다.

나는 "그 사람은 부자로 죽었다"는 말보다 "그 사람은 쓸모 있게 살았다"는 말을 듣고 싶다.
I would rather have it said, "He lived usefully", than, "He died rich."
- 벤저민 프랭클린(Benjamin Franklin, 정치인·저술가·발명가)

부러움이 없는 삶의 수준

돈은 많으면 많을수록 좋다고 생각하는 사람도 있지만, 작은 집이나마 대출 없는 집이 있고, 몸이 건강하면서, 생활비를 충당하고도 비상시에 대비해 조금이나마 저축할 정도의 수입이 있다면 구태여 거부가 되려고 안간힘을 쓸 필요는 없다고 생각합니다. 만일 나에게 10억원이 있다면 20억 원을 벌려고 애쓰지 않을 것입니다. 그저 그 재산을 유지하면서 하고 싶은 일을 한다면 행복할 것 같습니다. 하지만 그 정도의 재산을 가진다는 게 만만치 않습니다.

빚이 많은 친구가 말합니다.

"빚을 다 청산하고 나서 5억 원을 더 벌면 작은 아파트를 살 거야. 그 아파트로 주택연금을 들고 매달 은행에서 생활비를 받으면 소원이 없겠어. 자식들에게 손 안 벌리고 죽을 때까지 하고 싶은 일 하며 살고 싶어."

다른 사람들에게는 돈이 많다는 것이 무슨 의미인지 알 수 없지만, 나에겐 기본 생활을 할 수 있는 수준보다 훨씬 많은 것이 그다지 의미가 없다.
I can't comment on what having a lot of money means to others, but I do know that for me, having a lot more money isn't a lot better than having enough to cover the basics.
- 레이 달리오(Ray Dalio, 기업인·금융인)

정직하게 번 돈이라야 진짜 내 돈

　부정부패가 심한 나라의 경우 부자는 다 나쁜 짓을 해서 돈을 번다고 생각합니다. 제도나 규범이 정직하고 성실한 사람을 받쳐주지 못하기 때문이지요.

　하지만 부정부패를 공정하게 심판하는 나라에서는 감히 나쁜 짓으로 돈 벌 엄두를 내지 못합니다. 그랬다가는 엄한 처벌을 받기 때문입니다. 그런 나라에서는 대체로 부자가 존경을 받습니다. 그만큼 도전정신으로 열심히 일했다는 것이니까요.

앞으로는 더욱 올바른 방법이 아니면 돈을 벌 수 없게 됩니다.

나쁜 짓을 저지르지 않고서도 돈을 벌 수 있다.
You can make money without doing evil.
- 세르게이 브린(Sergey Brin, 기업인)

세계적인 부자는 하루 16시간 일한다

홍콩의 사업가 리카싱은 2020년 1월 현재 약 300억 달러의 재산을 보유하고 있습니다. 세계에서 30번째, 동아시아에선 재산이 가장 많은 사람이지요. 그는 열두 살 때 중국 본토에서 홍콩으로 건너간 뒤, 아버지가 세상을 떠난 열다섯 살부터 시계 세일즈맨으로 일했습니다. 얼마나 지독하게 일하고 고객들에게 감동을 주었는지, 다른 판매원들보다 100배나 더 많이 팔았다고 합니다.

리카싱은 그 뒤 플라스틱 공장을 차려 세계적인 기업으로 키웠습니다. 그리고 중국 본토에서 문화혁명이 일어나 부자들이 대거 홍콩으로 넘어오기 시작하자 부동산사업에 뛰어들어 엄청난 부를 축적했습니다.

그는 하루에 16시간 이상을 일하면서도 영어를 배워 유창하게 구사합니다. 또한 신간 비즈니스 책은 빠짐없이 읽는 독서광이기도 합니다.

평범하게 살고 싶으면 하루에 8시간 일하고, 엄청나게 성공한 사람이라는 말을 듣고 싶으면 16시간 일하십시오.

사람들은 하루 8시간을 일하지만 나는 16시간을 일했다. 그것도 정신을 집중해 쉬지 않고 일했다.

People were working eight hours a day, but I worked sixteen hours. It was really full, non-stop work.

- 리카싱(Li Ka Shing, 기업인)

결의가 있으면 길이 보인다.
Where the determination is, the way can be found.
- 조지 사무엘 클라슨(George Samuel Clason, 작가)

가난한 효자가 성공한다

유명한 가수 숀 콤스는 1969년 뉴욕의 할렘가에서 태어났습니다. 어머니는 모델 겸 보조교사로 일했고, 마약 판매와 관련이 있었던 아버지는 숀 콤스가 두 살 때 총에 맞아 죽었습니다. 숀 콤스가 이렇게 어려운 가정환경에서도 나쁜 길로 빠지지 않고 열심히 일해 돈을 벌어야겠다고 결심한 것은 어머니의 얼굴에서 삶의 고통을 보았기 때문이었습니다.

우리 집도 아버지가 고물상을 운영할 때는 많은 손수레꾼이 드나들었습니다. 그분들의 자녀들은 정신과 의사, 유명 건축가, 대기업 고위임원, 교수 등으로 성장했습니다.

내가 관찰해보니 어려운 가정에서 태어나 고생하는 부모를 돕고 싶어 하는 마음을 가진 자녀가 훌륭하게 성장하는 것 같습니다.

하루는 엄마에게 운동화 한 켤레를 사달라고 말했다. 엄마의 표정을 보고는 그런 돈이 없다는 것을 느꼈다. 그 순간 나는 이제 한 사람의 생활인으로 일어서야 한다는 것을 깨달았다.
One day, I had asked my mother for a pair of sneakers. And the look on her face that she couldn't afford it – it just made me realize that I needed to step up as a man.
- 숀 콤스(Sean Combs, 래퍼·사업가·디자이너)

게으르고 어리석은 자는 부자를 질시한다

돈을 버는 것은 숭고한 행위입니다. 방법이 정당하면 무엇을 해서든 돈을 벌어야 합니다. 돈이 없으면 의식주를 해결할 수 없어 굶주린 채 거리를 떠돌며 삶이 피폐해지고 사회에 해를 끼칩니다.

자신은 일해서 돈 벌 생각을 하지 않으면서 온 힘을 다해 부자를 질시해 보았자 조롱만 받을 뿐입니다.

부자를 시기할 에너지가 있으면, 그 에너지를 내 일에 쏟아부으십시오.

거부가 되는 데 독점권 제약 같은 것은 없다. 부자에게 질투심이 느껴진다면 그냥 앉아서 불평하지 말고 돈을 벌 수 있는 뭔가를 하라.
There is no monopoly on becoming a millionaire. If you're jealous of those with more money, don't just sit there and complain – do something to make more money yourself.
- 지나 라인하트(Gina Rinehart, 기업인)

부자를 인정하는 나라가 희망이 있는 나라

미국, 유럽, 일본에서는 돈이 많다고 해서 부자를 비난하지 않습니다. 부자들이 비난을 받는 곳은 주로 저개발 국가입니다. 그런 곳에서는 부자가 무조건 부정한 방법으로 돈을 번다는 통념이 팽배하지요. 그래서 부자는 돈을 벌면 자국에서 사업을 하거나 투자할 생각을 하지 않고 부자가 인정받는 나라로 재산을 빼돌리려 합니다. 그런 현상이 지속되면 나라의 기강이 무너지고 살기가 더욱 어려워지지요.

노력의 대가를 인정하지 않는 나라의 국민은 대체로 가난해지는 반면, 노력의 대가를 인정하는 나라는 더욱 발전합니다.

체제가 잘 잡힌 나라에서는 가난을 부끄럽게 여긴다. 체제가 엉망인 나라에서는 부를 부끄럽게 여긴다.
In a country well governed, poverty is something to be ashamed of. In a country badly governed, wealth is something to be ashamed of.
- 공자(孔子, 사상가)

진짜 돈, 가짜 돈

돈이 중요하다고 해서 사회에 해를 끼치면서까지 수단, 방법을 가리지 않고 벌어서는 안 됩니다. 은행강도, 도둑질, 보이스피싱, 사기, 뇌물수수, 횡령, 탈세 등으로 돈을 벌어도 마음은 편하지 않습니다. 거리를 걷다가도 형사처럼 보이는 사람이 보이면 움츠러들고, 잠을 자더라도 언제 경찰이 들이닥칠지 몰라 깊이 잘들 수 없습니다. 또한 사정을 아는 누군가가 신고할 것 같아 의심의 눈으로 주변을 살피게 되지요.

내 몸을 움직이고 정신을 쏟아부은 대가로 들어오는 돈만이 나를 행복하게 만듭니다.

나쁜 짓을 해서 돈을 많이 벌어도 행복해지지 않는다. 행복을 주지 못하는 돈은 아무 의미가 없다. 행복이 전부다.
A lot of money with the wrong career is not going to make you happy. If you have money without happiness, it doesn't mean anything. It's all about happiness.
- 엘런 드제너러스(Ellen DeGeneres, 코미디언·영화배우)

노력에 걸맞은 수입이 나를 당당하게 한다

"돈보다 명예"라는 말이 있지만, 사실 돈이 어느 정도 따라오지 않는 명예는 오히려 성가십니다. 돈이 있으면 명예가 따라붙기는 하지만, 반드시 그런 것은 아닙니다. 부정하거나 비윤리적인 방법으로 돈을 벌면 오히려 불명예스럽지요.

돈도 넉넉하면서 명예를 누리고 싶다면 자신의 노력에 걸맞은 정도의 돈과 명예만 가지는 것이 현명합니다. 분수에 넘치는 금전과 명예는 어느 순간 나를 나락으로 떨어뜨립니다.

나는 돈을 갖고 싶다. 나는 특별해지기를 바라며, 사람들이 나를 좋아했으면 하고, 유명해지고 싶다.
I wanted to have money; I wanted to be special; I wanted people to like me; I wanted to be famous.
- 엘런 드제너러스(Ellen DeGeneres, 코미디언·영화배우)

나는 거부가 되려는 마음을 이해한다. 어떤 자유, 의미 있는 자유를 누릴 수 있기 때문이다. 하지만 재정적으로 일정 수준에 도달하면 누구나 똑같은 햄버거를 먹는다는 사실을 깨닫게 된다.

I can understand wanting to have millions of dollars, there's a certain freedom, meaningful freedom, that comes with that. But once you get much beyond that, I have to tell you, it's the same hamburger.

- 빌 게이츠(Bill Gates, 기업인)

돈부터 벌어놓고 사회문제에 신경 쓰라

나라가 걱정된다며 온종일 그와 관련된 글이나 유튜브 동영상만 보는 사람들이 많습니다. 재산이 많거나 연금이 넉넉해서 일을 하지 않아도 생활에 지장이 없다면 괜찮겠지만, 할 일이 있거나 일하지 않으면 먹고살 수 없는 경우에는 그래선 안 됩니다. 나라나 자신이 속한 조직이 걱정돼도 먼저 할 일을 해서 돈은 벌어야 가족을 먹여 살릴 수 있습니다.

돈을 벌지 않는 것은 현실도피입니다. 현실도피는 자신뿐만 아니라 주변 사람을 불행하게 만듭니다.

사회적인 이슈에 시간을 낭비하지 말라. 가난한 사람들의 문제는 빈곤이며, 부자의 문제는 쓸데없는 데 신경을 쓸 수 있다는 것이다.
Do not waste your time on Social Questions. What is the matter with the poor is Poverty; what is the matter with the rich is Uselessness.
- 조지 버나드 쇼(George Bernard Shaw, 극작가)

어떤 일을 해서든 가난해지지 않도록 하라

잘생기고 믿음직한 남자와 결혼을 했는데, 이 남자가 게을러서 또는 자신의 능력에 과분한 직장만 찾느라 장기간 일하지 않아 수입이 없다면, 가정은 불행해집니다. 사랑도 최소한의 물질적 충족을 바탕으로 합니다.

정당한 일이라면 무슨 일이라도 해서 돈을 법시다. 박사라고 해서 손수레 끌며 폐지 수거 못할 이유라도 있습니까?

가난해지지 않겠다고 결심하라. 재산이 얼마든 덜 소비하라. 가난은 인간 행복의 가장 큰 적이다. 자유를 파괴하고 미덕을 실행하지 못하게 하거나 어렵게 한다.
Resolve not to be poor; whatever you have, spend less. Poverty is a great enemy to human happiness; it certainly destroys liberty, and it makes some virtues impracticable, and others extremely difficult.
- 새뮤얼 존슨(Samuel Johnson, 시인·문학평론가)

당신이 성공해서 자유롭게 되는 것이 중요하다.
그다음엔 당신이 원하는 것은 무엇이든 할 수 있다.

What matters is that you achieve success and become free.
Then you can do whatever you like.

- 케빈 오리어리(Kevin O'Leary, 투자가·기업인)

현명한 부자는 자신의 감정을 믿지 않는다

미국인 데이비드 리 에드워드는 2001년에 280억 원짜리 복권에 당첨되었습니다. 하지만 그는 1년 만에 대저택, 고급 스포츠카, 자가용 제트기 구입 등으로 140억 원을 썼고, 나머지 140억 원도 5년 만에 탕진한 뒤 외롭게 살다가 요양원에서 사망했습니 다.

돈이 아무리 많아도 마음이 동하는 대로 쓰다간 금세 바닥이 드러납니다. 살길도 마련해놓지 않고 좋은 뜻이라며 대학이나 사회단체에 무작정 기부하고는 생활이 어려워지기도 합니다.

거부들은 자신의 감정에 의지해 지출하지 않습니다. 꼼꼼히 계획을 짠 뒤 그에 따라 지출합니다. 감정이 끼어들 틈을 주지 않지요.

현명한 사람은 돈을 심장이 아니라 머리에 둔다.
A wise person should have money in their head, but not in their heart.
- 조너선 스위프트(Jonathan Swift, 작가)

자신의 감정을 다스리지 못하는 사람은
자신의 돈도 관리하지 못한다.

If you cannot control your emotions,
you cannot control your money.

- 워런 버핏(Warren Buffett, 기업인·투자가)

아이들에게 돈에 대해 가르쳐라

  자녀에게 돈에 대해 가르치면 자녀가 돈의 중요성을 알게 됩니다. 돈의 중요성을 알게 되면 근면과 인내를 알게 되고, 비상시에 대비해서 저축을 해야 한다는 것도 알게 됩니다.

  그렇게 살면 거짓말을 할 필요가 없어지고, 사소한 범죄도 저지르지 않게 됩니다.

돈에 대한 교육은 모든 교육의 출발점입니다.

아이들에게 돈에 대해 가르치는 것은 돈 이상을 가르치는 것이다.
Teaching kids about money is never just about money.
- 데이브 램지(Dave Ramsey, 방송인·기업인)

세계적인 부자는 명문 대학 출신

경제 전문지 〈포브스(Forbes)〉가 발표한 '2019년 현재 세계 20대 부자 명단' 중에서 5위까지의 출신학교를 알아보겠습니다.

- ▶ 제프 베조스 : 아마존 CEO. 재산은 2018년 현재 1,500억 달러. 프린스턴대학 전자공학과 최우수 졸업.
- ▶ 빌 게이츠 : 마이크로소프트 공동 창립자. 재산은 2019년 현재 1,080억 달러. 하버드대학 2학년 수료 후 중퇴.
- ▶ 워런 버핏 : 버크셔해서웨이 CEO. 재산은 2020년 1월 현재 900억 달러. 펜실베이니아대학 와튼스쿨에 진학했지만 네브래스카대학으로 편입해서 졸업. 컬럼비아대학 경영대학원 MBA.
- ▶ 베르나르 아르노 : LVMH 그룹 회장. 재산은 2020년 1월 현재 1,170억 달러. 프랑스 엘리트 대학인 에콜폴리테크니크 석사.
- ▶ 카를로스 슬림 엘루 : 텔맥스텔레콤 회장. 재산은 2019년 현재 640억 달러. 멕시코 국립자치대학 졸업.

세계적인 재벌 중에는 명문대학 출신이 다수를 점합니다.
공부를 잘한다고, 공부를 많이 한다고 재정적으로 반드시 성공하는

것은 아니지만 일반적으로 공부를 잘하는 사람의 수입이 많은 것은 확실합니다.

지식에 대한 투자만큼 최고의 수익을 올리는 것은 없다.
An investment in knowledge pays the best interest.
- 벤저민 프랭클린(Benjamin Franklin, 정치인·저술가·발명가)

학력이 높을수록 임금도 높다

월급쟁이들은 일반적으로 학력이 높을수록 그만큼 더 많은 임금을 받습니다. 미국노동통계국이 2015년에 발표한 자료에 따르면 미국의 경우 1주일간 일해서 버는 돈은 고등학교 졸업자가 678달러, 2년제 대학 졸업자가 798달러, 4년제 대학 졸업자가 1,197달러, 석사는 1,341달러, 박사는 1,623달러라고 합니다. MBA와 의학전문대학원, 로스쿨 졸업자는 그보다 더 벌겠지요.

미국에 사는 친구의 딸이 엠허스트대학을 나와 세계적인 출판사에서 일할 때는 겨우 5만 달러를 받았는데, 3년간 시카고대학 로스쿨에서 공부하고 변호사가 된 뒤에는 수입이 5배나 뛰었답니다.

직장인들은 학력이 높을수록 그만큼 연봉을 더 많이 받는 것이 일반적입니다.

평생 공부하는 사람이 되어라. 많이 배울수록 더 많이 벌게 되고 자신감을 더하게 된다.
Be a lifelong student. The more you learn, the more you earn and the more self-confidence you will have.
- 브라이언 트레이시(Brian Tracy, 동기부여 전문가)

부자는
계속 배우면서 성장하지만,
가난한 사람은
자신이 이미 알고 있다고 생각한다.

Rich people constantly learn and grow.
Poor people think they already know.
- 토머스 하브 에커(Thomas Harv Eker, 동기부여 전문가·사업가)

월급 이상으로 일하면 더 큰돈을 번다

월급이 100만 원이라고 100만 원어치만 일을 하는 사람은 100만 원짜리 일자리에서 벗어나기 어렵습니다. 월급이 100만 원이지만 300만 원어치를 일하는 사람은 시간이 지나면 300만 원의 월급을 받게 됩니다. 직장에서 그런 사람을 알아주지 않으면 다른 회사에서 낚아챕니다.

수십억 이상의 연봉을 받는 고위임원들은 입사할 때부터 자신의 임금보다 몇 배나 더 일해온 사람들입니다. 노력이 무시당하는 일은 결코 없습니다.

성공한 사람들은 자신이 받는 돈보다 몇 배나 더 일하는 습관이 배어 있습니다.

자신이 받는 돈에 비해 더 일하는 사람은 머지않아 하는 일에 비해 더 많은 돈을 받게 된다.
The man who does more than he is paid for will soon be paid for more than he does.
- 나폴레온 힐(Napoleon Hill, 작가)

큰 부자는 새로운 것에 항상 관심을 둔다

오랫동안 사용해온 방법, 상품으로는 큰 부자가 되기 어렵습니다.

헨리 포드는 새로운 생산방식으로 비용을 대폭 낮춘 저렴한 자동차를 출시해 세계적인 부자가 되었습니다.

빌 게이츠, 스티브 잡스가 1980년대부터 개인용 PC를 본격적으로 보급하면서 세계는 PC가 없으면 생활할 수 없는 환경으로 변했고, 그들은 세계적인 거부가 되었습니다. 크게 히트한 음악에는 예외 없이 그전까지 들을 수 없었던 새로운 스타일의 멜로디가 들어 있습니다.

미술평론가들은 거부감이 들 정도로 새로운 방식의 그림을 선호하는 경향이 있습니다.

베스트셀러에는 반드시 참신한 내용, 때로는 파격적인 내용이 담겨 있습니다.

사람들은 항상 새로운 것에 관심을 기울입니다.

우리는 존재하지 않는 것들을 만드는 데 집중해야 한다.
We should be focusing on building the things that don't exist.
- 래리 페이지(Larry Page, 기업인)

대가 없는 호의는 기대하지 말라

'공짜 점심'은 19세기 미국의 술집 문에 흔히 붙어 있던 글귀입니다. 손님을 될 수 있는 대로 많이 들어오게 해서 술을 사 마시게 하려는 유인책이었지요. 공짜 점심이 엄청나게 짜서 자연히 술을 많이 마실 수밖에 없었다고 합니다.

물론 공짜 점심도 있기는 합니다. 여러 단체에서 생활이 어려운 분들을 대상으로 무료로 식사를 대접하고 있지요.

여기에서의 공짜는 내가 행동하지 않고 뭔가를 얻는 것을 의미합니다. 그런데 사실 세상에서 한 끼 식사 같은 것 말고는 노력하지 않고 거둘 수 있는 것이 아무것도 없습니다.

공부하지 않고는 좋은 점수를 받을 수 없고, 일하지 않고는 돈을 벌 수 없습니다.

공짜 점심 따위는 없다.
There's no such thing as a free lunch.
- 밀턴 프리드먼(Milton Friedman, 경제학자)

창조는 돈이다

학창 시절, 심혈을 기울여 리포트를 작성하면 신기하게도 교수님이 높은 점수를 주십니다. 원고를 쓸 때도 자긍심을 느낄 만큼 정성을 기울이면 제법 칭찬을 받습니다. 상품을 만들 때도 '미련이 없다'는 생각이 들 정도로 혼신의 힘을 기울이면 고객들의 환영을 받을 가능성이 커집니다. 과일 소매상이 매일 새벽 가락동 도매시장을 샅샅이 뒤져 가장 좋은 상품을 구해 가져오면 아주 까다로운 손님이 와도 꺼릴 것 없이 당당해집니다.

내가 한 일에 당당함을 느낀다면 성공 가능성이 높습니다. 후회 없이 노력해야만 당당해집니다.

나는 나에게 자긍심을 심어주는 것을 창조하길 좋아한다. 당신에게 자긍심을 심어주는 것을 창조하면 그것으로 인해 당신은 수억 달러 또는 수십억 달러의 재산가가 될 수 있다. 사람들이 당신이 창조한 것을 좋아하기 때문이다.
What I love doing is creating things I can be proud of, and if you create things that you can be proud of, the byproduct of that can be that you become a millionaire or you become a billionaire, because people like what you've created.
- 리처드 브랜슨(Richard Branson, 기업인)

목숨을 걸면 돈 벌기는 아무것도 아니다

로또 당첨은 내가 아무리 애를 써도 행운이 따라주지 않으면 실현되지 않습니다. 하지만 노력으로 이룰 수 있는 것은 행운이 따르지 않아도 내가 하기에 따라 얼마든지 이루어집니다.

의사가 되는 것이 아주 어렵기는 하지만 목숨 걸고 노력하면 그것도 별것 아닙니다. 수학 교과서를 통달하거나 영어 교과서 한 권을 완전히 암기하는 것도 목숨을 걸면 가뿐히 해낼 수 있습니다.

목공을 배울 때도, 장판도배를 배울 때도, 구두수선을 배울 때도, 집짓기를 배울 때도, 칼국수 면 뽑기를 배울 때도 목숨을 걸면 무엇이든 해낼 수 있습니다.

인간의 노력만으로 해낼 수 있는 것은 그 무엇이든 목숨을 걸면 다 해낼 수 있습니다.

우리에게 돈이 없는 것이 아니다. 우리에겐 꿈을 위해 죽을 수 있는 꿈꾸는 사람이 부족하다.
We're never in lack of money. We lack people with dreams, (people) who can die for those dreams.
- 마윈(Ma Yun, 기업인)

돈 벌기는 예술이다

장사를 잘하려면 일단 취급하는 물건의 품질이 좋아야 합니다. 품질이 좋은 물건을 싼값에 공급하는 업체를 찾아 거래를 트기까지 노력을 쏟아부어야 하고, 그들에게 신뢰를 심어주어야 합니다. 즉, 예술 작품을 만드는 것 이상으로 많은 노력과 지식, 인내가 필요하지요.

유명한 식당의 셰프들은 요리에 정성을 다합니다. 손님이 먹고 나면 금방 없어지는 요리지만, 오랫동안 남을 예술 작품처럼 대합니다.

명품 가방이나 시계를 수리하는 기술자들도 적당히 일하지 않습니다. 그들은 고객이 실망하면 다시는 일을 맡기지 않으리라는 것을 되새기며 일합니다.

최고의 비즈니스 성공 비결은 어떤 일을 하더라도 예술 작품을 만드는 것처럼 정성을 다하는 것입니다.

비즈니스를 잘하는 것이 가장 매력적인 예술이다. 돈을 버는 것이 예술이고, 일하는 것이 예술이고, 비즈니스를 잘하는 것이 최고의 예술이다.
Being good in business is the most fascinating kind of art. Making money is art and working is art and good business is the best art.
- 앤디 워홀(Andy Warhol, 미술인·영화제작자)

고객을 매료시키면 돈은 저절로 따라온다

용산구 남영동을 지나다가 허름한 건물의 한쪽 벽면을 채운 한복 입은 여성의 벽화를 보고 '저게 과연 사람이 손으로 그린 것인가?' 감탄했습니다.

얼마 뒤 신문을 보고 그 그림의 작가가 심찬양이라는 것을 알게 되었지요. 그는 이미 그래피티 아티스트로 미국에 널리 알려진 인물이더군요. 돈이 안 되는 그래피티라도 그 정도의 실력이라면 돈을 벌 만합니다. 그가 CF 영상에 등장하는 것을 보고 반가웠습니다.

호떡을 파는 곳은 많지만, 사람들이 줄을 서서 사 먹는 가게는 달라도 뭔가 다릅니다. 가격보다 품질이 더 좋다는 느낌이 들면 고객이 붐비게 마련입니다.

내가 받는 돈 이상의 품질을 제공하면 고객이 끊이지 않습니다.

사람들이 돈을 주고 사고 싶을 만큼 좋은 제품을 만들면 돈은 저절로 따라온다.
If you make a really good product that people want and are willing to pay for, money will come.
- 포레스트 마스 주니어(Forrest Mars Jr, 기업인)

차별성으로 돈을 번다

모든 분야가 그렇지만, 의류업체는 특히 경쟁이 치열한 분야입니다. 생산업체뿐만 아니라 판매업체도 생존율이 매우 낮습니다. 그런데 일본의 유니클로는 1984년 히로시마에 1호점을 연 것을 시작으로 2017년 8월 현재 전 세계에 1,920개의 점포가 있는, 세계에서 가장 빨리 성장하는 의류회사입니다. 유니클로가 이와 같이 큰 성공을 거둔 이유는 가격에 비해 품질이 좋은 옷을 제공해주기 때문이지요.

요즘 경기가 나빠 문을 닫는 식당들이 많습니다. 반면 점심때가 되면 사람들이 길게 줄을 서서 기다리는 식당도 있습니다. 그런 곳에 가보면 예외 없이 음식을 풍성하게 내옵니다.

장사꾼은 낮은 비용을 들여 더 많은 이익을 남기고 싶어 하지만, 그런 사람은 돈을 잘 벌지 못합니다. 고객에게 '싼값에 좋은 물건을 샀다'는 느낌을 주는 장사꾼이 돈을 많이 법니다.

비즈니스에서 모든 사람이 하는 것들을 따라 하면 손해를 볼 것이다. 앞서는 유일한 길은 다른 사람들과 달라지는 것이다.
If you do everything that everyone else does in business, you're going to lose. The only way to really be ahead, is to 'be different'.
- 래리 앨리슨(Larry Ellison, 기업인)

만약을 위해 제2의 수입원을 생각하라

요즘은 직장을 다니거나 작은 사업을 하면서 한편으로 아파트나 오피스텔 또는 상가를 사서 임대업을 하는 사람이 많습니다. 직장에서 해고되거나 사업이 안 되더라도 임대업을 통해 일정 수입을 얻을 수 있기 때문이죠. 하지만 임대업도 안심할 수는 없습니다. 건물을 긴급하게 수리할 때는 큰돈이 들어가고, 임차인이 고의로 임대료를 내지 않아 명도소송을 제기하면 최악의 경우 1년 동안 단한 푼도 임대료를 받을 수 없기 때문입니다. 그래서 이때를 대비해 예비비를 넉넉히 준비해두어야 합니다.

일정한 수입이 없는 작가, 미술가, 음악가, 번역가 같은 프리랜서들은 일거리가 없어도 최소한의 생계를 유지할 방안을 마련해놓아야 합니다. 편의점 아르바이트, 건물청소, 이삿짐 알바, 식당 알바…무엇이든 돈이 들어오는 일을 별도로 해야 합니다.

매달 100만 원이 안정적으로 들어오는 삶과 그렇지 않은 삶의 질은 하늘과 땅 차이입니다. 무슨 일을 해서라도 매달 최소 100만 원은 벌겠다고 결심하십시오.

단 하나의 수입원에 기대지 말고 또 다른 수입원이 될 수 있는 곳에 투자하라.
Never depend on single income . Make investment to create a second source.
- 워런 버핏(Warren Buffett, 기업인·투자가)

당장 필요치 않은 것에는 돈을 쓰지 말라

음향 전문가나 전문 음악가도 아니면서 아내와 상의 없이 수천만 원짜리 오디오 시스템을 샀다가 전세를 빼서 월세로 옮긴 젊은이가 있습니다. 나와 안면이 있는 한 유명 작곡가는 2만 원짜리 이어폰으로 음악을 듣는데 말입니다.

오토바이 선수도 아니면서 억대의 외제 오토바이를 외상으로 사는 바람에 부모님이 물려준 땅을 팔았는데, 그 뒤 땅값이 수십 배나 뛰었다고 크게 후회한 사람도 있습니다.

어떤 사람은 남들이 유명 화가의 그림을 사는 걸 보고 자신도 덩달아 샀는데, 나중에 팔려고 보니 매수 가격의 5분의 1 가격에도 사겠다는 사람이 없더랍니다.

자신에게 당장 필요치 않은 물건에는 아예 관심을 끊는 것이 돈을 지키는 방법입니다.

당신이 필요하지 않은 물건을 사게 되면 머지않아 당신에게 필요한 물건을 팔게 될 것이다.
If you buy things you don't need, soon you will have to sell things you need.
- 워런 버핏(Warren Buffett, 기업인·투자가)

지식과 경험이 많으면
작은 움직임에 쉽게 동요하지 않는다

좋은 투자와 나쁜 투자는 사람들의 반응으로 판가름하기 어렵습니다. 대다수가 적극적으로 지지하는 투자로 인해 큰 손해를 보는가 하면 대다수가 반대하는 투자로 큰 수익을 얻기도 합니다. 따라서 신중한 투자자는 아무리 환영받지 못하는 프로젝트라도 가볍게 무시하고 넘어가지 않습니다.

식견이 넓은 가치 평가자는 환경이나 분위기에 휩쓸리지 않습니다.

박수를 받는 투자 활동을 경계하라. 위대한 투자는 하품으로 대접받는 경우가 흔하다.
Beware the investment activity that produces applause. The great moves are usually greeted by yawns.
- 워런 버핏(Warren Buffett, 기업인·투자가)

부자는 더 자유스럽다

부자가 되면 먹고 싶은 음식을 마음대로 먹을 수 있습니다.

부자가 되면 언제든지 가고 싶은 곳을 갈 수 있습니다.

부자가 되면 몸이 아파도 병원비를 걱정하지 않습니다.

부자가 되면 무더운 여름날 에어컨을 마음대로 켤 수 있고, 겨울엔 마음대로 난방을 할 수 있습니다.

부자가 되면 자녀에게 좋은 환경을 제공해줄 수 있습니다.

부자가 되면 기본적인 생활환경에서 제약을 받지 않으며 자유를 만끽하게 됩니다.

당신이 부자가 되려는 이유는 자유를 살 수 있기 때문이다.
The reason you want wealth is because it buys you freedom.
- 나발 라비칸트(Naval Ravikant, 기업인·투자가)

일을 안 하겠다는 생각은
아예 하지도 말라

    돈을 벌기 전에는 쓰지 말라는 것은, 돈을 벌지 않고 세상에서 살 생각을 하지 말라는 의미입니다. 무인도에서 자급자족하는 삶을 살지 않는 한 돈을 쓰지 않고 살 수는 없습니다.

일하는 사람만이 돈을 쓸 자격이 있습니다.

돈을 벌기 전에는 절대로 돈을 쓰지 말라.
Never spend your money before you have earned it.
- 토머스 제퍼슨(Thomas Jefferson, 정치가·교육자·철학가)

큰 부자는 남들이 보지 못하는 것을 본다

씨즈캔디(See's Candies)는 1921년 로스앤젤레스에서 창업한 캔디 제조·유통 회사입니다. 1972년, 워런 버핏은 이 회사를 2,500만 달러에 사들였습니다. 그 뒤 그가 이 회사를 통해 벌어들인 수입은 13억 5천만 달러에 달하고, 최근에는 매년 1억 달러 이상을 벌고 있습니다.

워런 버핏이 이 회사를 사들인 이유는 남녀노소를 불문하고 캔디를 좋아해서 수요가 안정적인 데다가 캔디의 재료인 땅콩, 설탕, 초콜릿 등의 가격이 매년 상승하므로 자연스럽게 캔디 가격을 올릴 수 있기 때문입니다. 그로 인해 매년 수익이 늘어날 것을 예상했던 것이지요.

보통 사람들보다 더 깊이, 더 넓게 보는 능력이 있는 사람이 큰 부자가 될 가능성이 큽니다.

새로운 시대에서 훌륭한 투자자는 항상 예상치 못한 것을 기대한다.
A good investor in this new world knows to always expect the unexpected.
- 짐 크래머(Jim Cramer, 경제방송인)

세상일은 정말 모른다

세상일은 정말 모릅니다. 1970년대 초반만 해도 공무원이나 학교 선생이 되고 싶어 하는 젊은이가 거의 없었는데, 지금은 경쟁률이 대단히 높습니다. 오죽하면 의사 친구도 "내가 왜 그때 교육대학에 가지 않았을까?" 하고 후회하겠습니까?

나의 친척 형님은 조상에게서 물려받은, 경제성이라고는 전혀 없는 밭과 산을 60년 동안 지켜왔습니다. 그런데 최근 대기업에서 생산단지를 조성할 목적으로 수십억 원의 땅값을 제시했습니다.

사회 추이를 따라가 크게 성공하는 사람도 많지만, 그 반대로 망한 사람도 많습니다. 사회 추이를 따르지 않아 망한 사람도 있지만, 반대로 최소한 재산을 지키거나 불린 사람도 있습니다. 다시 말하는데, 세상일은 정말 모릅니다.

부자가 되는 방법을 알려줄 테니 남들이 듣지 않게 방문을 닫으라. 남들이 탐욕스럽게 대들 땐 조심하라. 남들이 조심할 땐 탐욕스럽게 대들라.
I will tell you how to become rich. Close the doors. Be fearful when others are greedy. Be greedy when others are fearful.
- 워런 버핏(Warren Buffett, 기업인·투자가)

큰돈은 항상 위험을 동반한다

누구나 절대로 망할 것 같지 않은 기업에 투자하고 싶어 합니다. 하지만 그런 투자로는 수익배당금을 많이 받기 어렵습니다. 반대로 위험성이 큰 기업엔 누구라도 투자하고 싶어 하지 않지만, 그 기업이 성공할 경우 상상도 못할 만큼 엄청난 수익배당금을 받게 됩니다.

조지 소로스는 위험성이 매우 높은 헤지펀드에 투자해서 큰돈을 번 금융전문가입니다. 다른 전문가들은 실패해도 그는 높은 성공률을 기록해왔습니다. 그는 특정 종목에 투자할 때 특정 국가뿐만 아니라 세계정세까지 세밀히 분석해서 결정하는 것으로 알려져 있습니다.

체조나 피겨스케이팅 시합에서 높은 점수를 받으려면 난도가 높은 프로그램을 이행해야 합니다. 하지만 실패 위험성이 높기 때문에 함부로 시도하지 못하지요.

위험한 종목으로 고수익을 남기는 사람은 상당한 지식을 갖추고 철저한 연구 분석을 할 줄 아는 전문가입니다.

안심이 되는 투자에서는 이익을 거의 남기지 못한다.
In investing, what is comfortable is rarely profitable.
- 로버트 아놋(Robert Arnott, 투자가·기업인)

소비 지출을 최대로 줄여야 부자가 된다

저축의 위력을 알게 되는 순간은 오랫동안 조금씩 입금한 돈이 당장 절실하게 필요한 만큼의 큰돈으로 불어 있을 때입니다. 이때는 돈 쓰기를 절제하며 저축했던 자신이 기특하게 느껴지지요.

매일 점심식사 후 3천 원짜리 커피를 사지 않고 집이나 사무실에서 마신다면 한 달에 9만 원을 절약할 수 있습니다. 이렇게 1년을 모으면 108만 원, 10년을 모으면 1,080만 원이라는 큰돈이 됩니다.

쌈짓돈으로 위기를 탈출할 때 적은 돈의 위력을 실감하게 됩니다.

당신의 돈을 두 배로 불리는 가장 빠른 방법은 그 돈을 접어 깊숙한 주머니에 찔러 넣는 것이다.
The quickest way to double your money is to fold it in half and put it in your back pocket.
- 윌 로저스(Will Rogers, 영화배우)

한 종목의 주식을 10년간 가지고 있을 의향이 아니라면
단 10분이라도 소유할 생각을 하지 말라.

If you aren't willing to own a stock for ten years, don't
even think about owning it for ten minutes.

- 워런 버핏(Warren Buffett, 기업인·투자가)

부자가 되는 길은 긴 여정이다

나는 아래에 있는 워런 버핏의 말을 증권 관련 직업을 가진 사람을 제외하고는 증권에 인생을 걸지 말라는 의미로 받아들입니다. 예를 들어 내가 구글, 아마존, GM, 도요타, 삼성, LG 같은 대기업의 직원이라면 안정적인 기업의 주식을 사놓고 주가가 오르든 말든 신경 쓰지 않고 기다릴 것입니다. 하지만 증권투자가 목적이라면 시간마다 변하는 주가에 신경을 쓰느라 다른 일을 할 수 없습니다.

이처럼 단기 투자를 하면 소설가는 작품을 제대로 쓸 수 없을 것이고, 대장장이는 좋은 호미와 칼을 생산하기 힘들 것입니다. 심지어 외출도 하지 못해 사회와 단절되기도 합니다. 그러니 워런 버핏의 충고는 이렇게 받아들여야 합니다.

자신이 판단하기에 장기적으로 가장 전망이 있는 종목을 택해 투자하고 더 이상 관심을 갖지 말라. 그리고 자기 일에 최선을 다하라.

증권시장이 10년간 문을 닫는다고 해도 그저 가지고 있기만 해도 행복한 주식만 사라.
Only buy something that you'd be perfectly happy to hold if the market shut down for ten years.
- 워런 버핏(Warren Buffett, 기업인·투자가)

새우과 고래가 함께 숨쉬는 바다

하드워킹의 기적
인생을 바꾸는 하드워킹 명언 242가지

지은이 | 석만필
펴낸이 | 황인원
펴낸곳 | 도서출판 창해

신고번호 | 제2019-000317호

초판 인쇄 | 2020년 12월 04일
초판 발행 | 2020년 12월 11일

우편번호 | 04037
주소 | 서울특별시 마포구 양화로 59, 601호(서교동)
전화 | (02)322-3333(代)
팩시밀리 | (02)333-5678
E-mail | dachawon@daum.net

ISBN 978-89-7919-563-7 (03320)

값·15,000원

이 도서의 국립중앙도서관 출판예정도서목록(CIP)은 서지정보유통지원시스템 홈페이지(http://seoji.nl.go.kr)와 국가자료종합목록 구축시스템(http://kolis-net.nl.go.kr)에서 이용하실 수 있습니다.(CIP제어번호 : CIP2020044572)

Publishing Club Dachawon(多次元)
창해·다차원북스·나마스테